时尚商品企划

罗戎蕾 支阿玲 关仕俊（Vincent Quan） 编著

东华大学 出版社

·上海·

图书在版编目（CIP）数据

时尚商品企划 / 罗戎蕾，支阿玲，（美）关仕俊(Vincent Quan) 编著. —上海：东华
大学出版社，2022.6
ISBN 978-7-5669-2065-2

I. ①时… II. ①罗… ②支… ③关… III. ①产品开发 IV. ①F273.2

中国版本图书馆CIP数据核字(2022)第093797号

责 任 编 辑：徐 建 红
书 籍 设 计：东华时尚

出　　　　版：东华大学出版社（地址：上海市延安西路1882号　邮编：200051）
本 社 网 址：dhupress.dhu.edu.cn
天猫旗舰店：http://dhdx.tmall.com
销 售 中 心：021-62193056　62373056　62379558
印　　　　刷：上海盛通时代印刷有限公司
开　　　　本：889mm×1194mm　1/16
印　　　　张：9.5
字　　　　数：320千字
版　　　　次：2022年6月第1版
印　　　　次：2022年6月第1次
书　　　　号：ISBN 978-7-5669-2065-2
定　　　　价：78.00元

前　言

从教近二十年，深刻感受到伴随数字时代而来的时尚商品企划理论的不断拓展。很庆幸一直处于时尚产业及教育行业的工作前沿，在两度赴美于纽约州立大学时装技术学院研修的基础上，综合个人多年积淀的教学经验，写成本书。

本教材在阐述商品企划基本原理的基础上，讨论了商品企划详细而具体的实施方法和过程，特别针对目前蓬勃发展的电商渠道进行了定义和扩展，包括传统形式的电商渠道1.0、细分市场形式的电商渠道2.0、社交特征的电商渠道3.0，以代表性的案例解说其特征、发展及存在形式，此外对时尚产业越来越重视的终端企划进行了结构性完整的阐述。本书力图全面阐述数字时代下时尚商品企划的概念，以期对商品企划具体工作提供指导，对当前时尚产业的理性化发展提供理论支撑。

感谢纽约州立大学及各位教授在撰写期间给予的帮助，感谢朱秀丽教授的建议，感谢我的学生周莎、王奕文、李纳、邓莹洁、尹光灿、林聪瑾同学在资料收集及图片整理方面付出的辛勤劳动。

由于时间及认知局限，书存不足之处，敬请不吝赐教。

罗戎蕾

目　录

第一章
商品企划理论概论

本章是关于时尚商品企划总体概念的解读。首先讨论了商品企划的基本概念，从狭义和广义两方面来阐述时尚商品企划的工作内容，分析不同类型的时尚行业商品企划工作的具体运作范畴。而后分析了商品的特征属性、商品企划的特点、商品企划在企业中的定位等问题。最后说明了商品企划的企业组织架构和工作过程，包括商品企划阶段一、商品企划阶段二及商品企划阶段三的具体工作细节，以达到学生掌握商品企划基本概念的目的。

扫码看英文资料

商品企划概述····································

扫码看英文资料

商品企划基本概念

时尚商品企划学是基于时尚商品的属性来研究时尚（品牌）的企划、设计、开发、运营规律的一门学科。时尚商品企划，包括市场的调研与流行信息的收集、产品的设计与生产、商品的流通与促销等，即与产品从车间缝制到卖场销售的整个流程相关的各个方面。换而言之，时尚商品企划就是一项"时尚商品从研发到销售的策划与实施的活动"。

时尚商品企划的定义

"商品企划"对应的英文术语是"merchandising"，美国市场营销协会 AMA[1] 给出的定义是：为了达到市场营销活动效果最佳的目的，对商品销售时间、场合、价格、种类及宣传广告、商品陈列所进行的策划。

对商品企划有进一步说明：制造商的企划包括选定要生产的所有制品，决定制品的尺寸、生产的数量、时间及价格等相关工作，并有制品企划和制造管理等不同侧重形式。延伸可以概括为 "五适"（5R）原则：适品——适当的产品；适所——适当的场所；适量——适当的数量（质量）；适价——适当的价格；适时——适当的时机。

因此 5R 原则就是：企业根据经营战略宗旨和目标消费者需求开发设计产品，生产适当数量和质量的产品，投入到合适的交易场所，以目标消费者能够并愿意支付的价格，在他们需要的时候供给他们满意的产品。

时尚产业主要有三个层次的表现形式。一是基础层：对人体进行装饰和美化的个人时尚用品，包括时装、鞋帽、香水、彩妆、护肤品、箱包、皮具、手表、珠宝首饰等。二是扩展层：对人在生活中所处的小环境进行装饰和美化的家居时尚用品，包括家居用具，家居装潢，家具寝具等。三是延伸层：对与人的生存和发展相关的事物、情状进行装饰和美化的环境时尚化工程，包括时尚社区、时尚街区，乃至时尚城市的营造。由于商品企划理论的具体产业相关性，本书以服装行业为主展开说明和阐述。

以服装业为代表的时尚商品企划最早起源于英、美、日等国的服装行业，20 世纪

---

1 美国市场营销协会（American Marketing Association，简称 AMA）于 1937 年由市场营销企业界及学术界具有远见卓识的人士发起成立。如今，该协会已发展成为世界上规模最大的市场营销协会之一，拥有三万多名会员，他们在世界各地从事着市场营销方面的工作以及营销领域的教学与研究。

90 年代末传入我国服装行业，2005 年左右逐渐被众多服装企业认识和接受，并运用到服装企业中。早期国内服装厂商多把商品企划的重点放在技术和生产方面，主要考虑"如何把商品制造出来"这一问题。随着市场日益复杂和多样化，竞争进一步加剧，获取利润的难度系数进一步提升，仅考虑这一点已远远不够，服装企业更关心"如何提供满意的商品"。也就是说，服装企业如何更加灵活、深入地把握市场和消费者的状况，来进行新产品的研制开发和企业经营活动的组织运营，从而把获得的信息融入到服装产品中去，以赢得更多的市场份额，这是当前服装商品企划的重点。

时尚商品企划的工作范畴

商品企划是为实现企业目标而实施的创造性的思维活动以及将其具体化的操作。商品企划几乎涵盖了商品从创造概念开始到商品上架的所有流程和沟通工作。

以服装及服饰品行业具体操作为例，商品企划工作范畴包括：

(1) 分析商品的零售结果。

(2) 阅读关于市场及服装流行趋势的出版物，随时掌握市场最新讯息。

(3) 与零售或经销客户沟通，以获得销售信息。

(4) 预估每一季的风格和色彩的单位数量，与设计师讨论决定每一个系列所采用的面料和款式。

(5) 每季在公司业务会议中，撰写并简报新商品开发内容。

(6) 参观国际面料展和成衣展，寻找商品开发的灵感与创意。

(7) 与面料设计开发公司合作开发未来将使用的面料。

(8) 与设计师共同确定流行主题开发系列计划，确定每一系列服装的样式与数量。

(9) 与生产部门制定生产波段计划，并进行款式与样本的制作。

(10) 成本估算。

(11) 与营销部门共同规划展示与促销活动。

狭义的商品企划可以分为两个大部分：市场定位和产品企划方案。市场定位主要包括：品牌风格市场定位（顾客的性别、年龄、职业、工作性质、购买行为分析、所在市场的地域）、价格定位（时尚品类、主推品类、基础品类等，也有按品牌的产品线路进行分类，如服装、鞋类、配件等）、投放定位（各个地区的分销渠道、店铺形式、推广方式和行业展示会等）。产品企划方案包括：本季度的流行趋势（流行风格、热门元素、搭配方式、色彩、面料和五金辅料等）、品类占比（时尚品类 / 主推品类 / 基础品类的占比，或者各个产品线的比重，或者按男、女、童装、鞋类、衣帽等不同款式进行分类的产品占比等）、款式搭配指导（目的是展示品牌系列的穿着效果，包括形象片、画册和广告等）。

广义的商品企划范畴可以概括为：品牌企划、设计企划、生产企划和营销企划等几个方面。商品企划人员应当具有敏锐的市场观察力和准确的预测能力，并能从宏观概念理解商品企划，从人（消费者）与物（服饰商品）之间的联系理解商品企划的概念，如图 1–1 所示。

服装企业可分为生产型企业与销售型企业两大类。根据不同类型的服装企业，商品企划相应有两种解释：服装生产企业的商品企划解释为"商品化的产品计划"；服装零售商的商品企划解释为"商品采购或配货计划"。简言之，服装生产企业侧

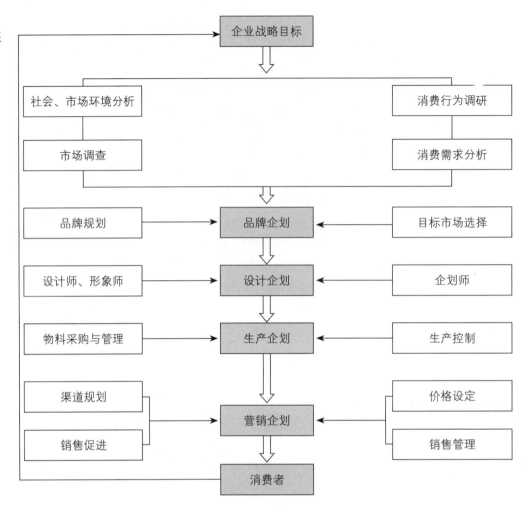

图 1-1
商品企划概
念图

重于"生产出什么产品送到销售部去销售",服装零售商侧重于"将什么商品陈列在店面中销售"。生产商和零售商的企划范围和侧重点各不相同,但两者又互相联系。两者的共同点是以市场的动向为依据,满足顾客的欲求为基本策划理念。如图 1-2 所示,表明了服装生产商和服装零售商的商品企划涉及的范畴。如果零售商同时是品牌经营者,则其商品企划的工作内容包含了零售商的商品企划和服装生产商的商品企划。

商品企划的工作也可以描述为从"虚"(信息)到"实"(商品)的过程。商品企划的开始是以市场研究为基础的各类信息采集、分析与研究,在此基础上制定商品企划的总体策略,从而决定商品的品类、品种、地点、时间、数量等,是商品企划"实"的部分。

商品企划的特征

服装商品的属性

从服装起源角度归纳,着装的目的可分为两大类:对于自然环境的人体适应和对

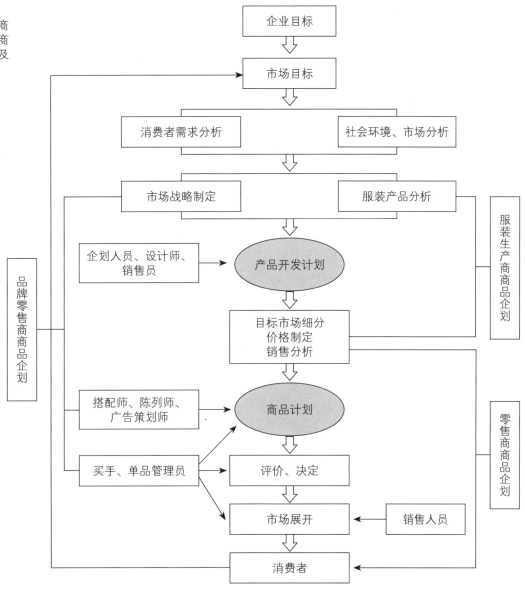

图 1-2
服装生产商
和零售商商
品企划涉及
的范畴

于社会环境的人类适应。前者是由于个体生存保护的需要，通过着装的保护使人体生活行动更有效率，也就是出于人类生存活动和生理的需要。后者是由于人类在社会交往中以显示社会地位、个性、修养、维持社会秩序等为目的，是一种文化使命的体现。服装是自然性和社会性两方面属性的统一体。所有服装都必须以具备生理卫生为重要特征，同时还必须以提高生活行动效率为首要目的。但随着人类社会生活的不断提高，装饰、审美、道德、礼仪也往往被提高到重要的地位。如果能在服装的物性价值基础上，充分发掘服装的精神价值，使服装成为反映着装者社会性的一种无声语言，服装商品就具有了超越其使用价值的高附加值。服装的精神价值是服装商品高附加值的源泉。从这个角度讲，服装商品是价值观念的物化。因此，服装商品企划的关键是充分考虑服装商品的社会属性。服装商品的价值归根结底要通过它一系列属性来展现，具体内容如表 1-1 所示。

表 1-1
服装商品的基本属性

性质类别	决定性质的因素	要　点
产品	面辅料	面辅料种类、工艺特点、原料成分、比例、颜色、花色等
	款式	款式类型、名称、造型特点、细节特点
	功能	功能特点、适用范围、功能表现、满足程度
	规格	产品规格、号型标准、适用范围
	特性	面料、工艺、功能等
	性价比	产品档次、价格级别、实物价值、附加价值
使用、保养	T.P.O	适用时间、地点、场合、注意事项
	搭配	搭配要点：服装、发型、妆容、配饰
	洗涤熨烫	洗涤方法、熨烫要领
	存放	存放形式和要求：防蛀、防潮、通风、防晒等
文化	流行程度	流行元素、流行属性：前卫、流行、中性、保守
	审美形式	材料、色彩、造型、装饰等
	风格特点	风格典型元素
	象征性	职业、身份、性格、感情、观念
穿着评价	适合程度	合体度、美感、整体形象、穿着目的

时尚商品企划的特点

时尚商品企划是以服装为代表性的时尚商品的流动为线索，将以往相对独立、自成体系的设计学、材料学、工艺学、生产管理学、市场营销学等贯穿起来，基于时尚商品的属性来系统研究时尚（品牌）商品的企划、设计、开发、运营规律的一门学科。时尚商品企划既涉及"产品的设计与加工一体化"的内容，又包括"产品管理与商品销售"的知识，还有这两方面的内在关联。

时尚产业在众多产业中独具特点：要求将创造性的、感性的业务与严格的管理高度融为一体，但这两者通常难以共存。服装企业在品牌运营中需要频繁利用设计师的感觉或感性来决策判断；而事实证明，单纯依靠设计师的才能与经验，又难以确立产业的基石。时尚商品企划学是解决这一矛盾的方法论。对时尚这种变动性很大的社会现象加以商品化是一种风险性很高的企业活动，时尚商品企划将有助于科学有序地创设服装品牌，使时尚商品企划过程可预测和调控，利用组织体系来保证商品企划的顺畅运转，为消费者创造新的时尚和生活方式。

时尚产业的发展在各国都有共通性。初级阶段商品供不应求，从业者关心的是"如何制造产品"。等到商品供大于求的时期，"如何推销产品"又成为重点。针对市场逐步成熟化、高感度消费者层形成的情势，商品企划学将视点前移到"如何引导与满足消费者的生活需求"上。因此，商品企划是基于目标消费者的生活方式，以消费者为导向，以服饰品为载体，为目标顾客提供所需要的商品及满足其自我实现诉求的管理技术。

"消费者导向"是指站在目标顾客的立场上，构思以某种生活方式为背景的服装商品，以推进新品牌的开发，策划能使消费者满意的商品以及商品的销售方式和展示方式，实现真正的顾客满足。为此，企业需要站在消费者的立场上进行商品的企划和生产，从以生产为导向、以推销为手段的观念向以市场为导向、以营销为手段的观念转变，建立相应的机制和战略，详细了解消费者消费行为的动机，引导消费者的行为向着企业倡导的方向发展。在市场营销中，不同的环境因素（市场、社会、经济等）导致了消费者消费行为动机的差异性，因此，企业还应把握环境对服装消费的影响。

另一方面，消费者的购物消费行为也在发生变化，表现在：由重视品质、功能转向重视设计与感性；追求比过去更高水平的品质与功能；从重视实用价值转向重视表现价值；由趋同从众意识转向个性意识。这些多样化的趋势影响了商品选择的基本价值观。随着经济的发展，商品充足导致消费者弱化商品本身物性（使用性能），强化差别化意识，重视满足自我实现诉求。在人的各种本质诉求中，自我实现是最高层次，即追求与自己独具个性有共鸣的事物。这种诉求的外在化成为近年来左右时尚消费的主要动因，其表现形式如：有自我搭配趋向（并不将某种时尚全部套用，而是有选择地组合使用）；对整体流行时尚不感兴趣，重视自身的时尚观；强调设计中使用性能的艺术化倾向等。

从商业角度衡量商品企划的标准，就是有多少目标消费者购买企业所企划的时尚商品。商品企划应该以目标消费者的生活方式、生活价值观、心理诉求的分析为基础，通过服装商品承载时尚信息、价值取向、文化观念等，满足消费者需求。当前不少国内服装品牌都在向国际化品牌方向发展。只有对国外目标消费者的生活状态进行实地调研，挖掘他们的时尚需求与诉求点，在服装商品中蕴涵着对目标顾客有吸引力的新型生活的文化提案，服装品牌才能得以建立和巩固。国内服装企划设计在坚持民族化特色的同时，也应结合时代和时尚特征，基于当前国际上诉求的未来流行价值，倡导能与之相应的新生活、新趋势，将具有中国民族特点的元素融入服装商品中，这样的服装才能实现民族化与国际化的共存，国内服装名牌才会更快成长为国际名牌。例如，在巴黎的时装发布会上，不论是约翰·加利亚诺（John Galliano）[2]还是森英惠（Hanae Mori）[3]，都曾数次以具有中国文化元素风情的时装影响了世界时尚潮流，他们为满足当时时代要求的生活文化而摄取了具有中国民族特色的特定元素。

总之，时尚商品企划不是从商品自身来发挥和展开，而是将消费者作为出发点。将消费者潜在的需要、欲求等抽象的要素，用产品的具体形式来实现，并在产品中融入对消费者时尚生活的提案，满足消费者的时尚和自我实现诉求。

商品企划的企业定位

在商品企划的计划阶段，首先要明确商品企划在企业中的定位。企业达到一定规模后，任何决策的做出都需要充分的依据，需要一个专业的企划部门搜集信息、为决策提供足够的依据。同时企划部门还必须创造性地优化企业资源，给企业设定远景目标，做出阶段性的规划，塑造和整合企业文化，制定各种规章制度，研发、改良、整合产品，制定战略、战术，并对战略和战术的实施进行跟踪、修正和监督。

企业的企划部门，既是企业的战略核心智囊团，又是企业的策略执行监控组织。企划是航标；企划是理论规则制定机构；企划是站在意识的高度考虑思路；企划大多持发展的观点，除了追求近期的销量外，考虑更多的是企业的未来。

时尚品牌商品企划的运营

商品企划的运营组织架构

组织是指为达成共同目的而建立的一种人际协作关系，是人们在社会性方面相互作用的体系。组织以人的活动为中心，不同的人为了一定目的表现出相互协作的关系。组织有三个基本要素：共同的目标、相互协作的意愿、相互交流和沟通。

2 约翰·加利亚诺，男，1960 年 11 月 28 日出生于直布罗陀。1984 年毕业于英国中央圣马丁艺术与设计学院，1988 年被评选为本年度英国最佳设计师。
3 森英惠，女，1926 年 1 月 8 日出生于日本岛根县鹿足郡六日市村，毕业于日本东京克里斯汀女子大学，巴黎高级时装设计师。

服装企业的任务是为消费者实现自己向往的时尚生活提供作为手段的服饰产品。为了能使产品成为消费者的生活手段或工具，服装企业应基于消费者的需要和欲求来进行经营运作，这是商品企划的根本理念。服装企业为了提高产品的附加价值，应力求实现产品的差别化，并在产品中满足消费者的潜在要求，吸引消费者购买。服装企业进行商品企划的本质是基于消费者的要求而进行的一种需求预测活动，服装商品企划组织活动的目标就是创造产品的附加价值。

因此，为顺利开展商品企划工作，服装企业从三个方面考虑商品企划组织的设置：

1. 以企业的市场导向思路审视企业的运营是否合理和统一，并从管理与实施两方面规划最佳的组织架构与形式。

2. 在管理方面，重点解决商品企划组织部门在企业内的定位问题。由于商品企划活动是服装企业的核心业务，其决策必须尽可能合理，因而商品企划的组织体系应确保其管理者能够自主独立地进行决策判断。这样，在管理层面上，组织的编制、预算的制订与分配等工作也能顺利地开展，这对新品牌的商品企划设置尤为重要。同时，企业应赋予商品企划组织部门更多与业务活动相关的责任与权限。权限越明确，企划组织部门的活动就越易进行，也就越能把握市场机会。

3. 在实施方面，通过实用有效的组织设置，确保商品企划的构想与技术能在商品中得到充分体现。为此，企业应设立信息、计划、生产、销售等部门，同时配备相应的人才。

基于以上考虑，时尚商品企划的组织体系是从总部的企划总监到地区公司企划经理、门店的店面美工，商品企划的职能部门应该渗透到企业的各个分支机构，如图1-3所示。

图1-3
商品企划的运营组织架构

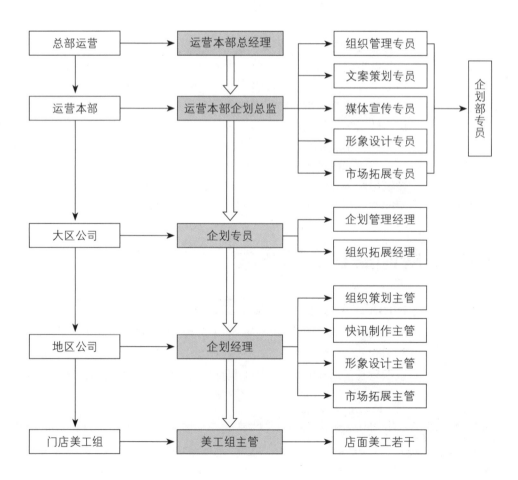

但事实上，一些中小型服装企业并没有明确区分商品企划职能和生产职能，很少专门为担当商品企划的人员设置相应的职位，如商品企划师。针对这种实际情况，可以把商品企划的工作分离出来，形成一个独立运作的商品企划组织体系，以适应商品企划工作的运行。

从事商品企划工作的专员既要懂得品牌及商品的风格定位，又要具备服装设计师的设计能力，还要具备营销知识、懂工艺、熟悉生产流程等。商品企划本身的工作流程和涉及的内容，在于它把"设计开发、产品生产、品牌建设和市场营销"整体纳入商品运营的规划范围，使它们协调一致，实现优化组合，增加商品的附加值，实现品牌资产的增值。为确保商品企划组织的有效运作，应注意以下几点：

(1) 明确商品企划的目标，然后根据企划目标或市场方针决定具体计划的构成及实施方法。同时，必须使经营管理部门及企划部门的各成员都能充分理解企划目标或计划。

(2) 充分认识企划部门与生产、销售等相关部门的有机联系。各个部门都要配置专业人才，彼此进行高效运作。

(3) 领导者应当具有良好的创造性和丰富的营销经验，还应具备扎实的专业知识。因为在服装企业的商品企划中不可缺少的一个要素是：由具有专业眼光或技术，对市场或企业组织等能客观分析的领导进行管理。

(4) 服装商品企划组织活动的管理者应尽可能使组织内部的交流沟通顺利进行。能进行顺利交流和沟通的组织才能保证商品企划活动的有效进行。

商品企划的工作流程

商品企划的流程，首先是收集流行资讯、市场资讯、竞争资讯，分析资讯后初步确定商品企划的提案；然后是设计部、营销部和企划部的同事共同讨论市场需求、品牌的目标客户；最后是对品牌的通路、生产线和竞争对手等进行评估，根据讨论结果撰写商品企划方案。

基于"下一季的商品企划"，从组织活动的管理角度，商品企划流程可分为三个阶段：商品企划阶段一、商品企划阶段二和商品企划阶段三。

商品企划阶段一，细分为目标市场设定、流行信息分析、市场环境分析，其中，市场环境分析包括当前消费者市场导向、上一季及下一季的市场信息等；商品企划阶段二，包括下一季设计主题确定、商品系列的展开（材质、色彩、廓形、细节）、配套企划、品类企划，在此基础上再设计展开包括款式与样本的制作、剪裁缝制原型、初步成本估算、检视当季产品线、选择款式与修正版型；商品企划阶段三，分为生产规划和营销规划，包括生产规划、销售计划、行销策略、促销方案的制定。如图 1-4 所示。

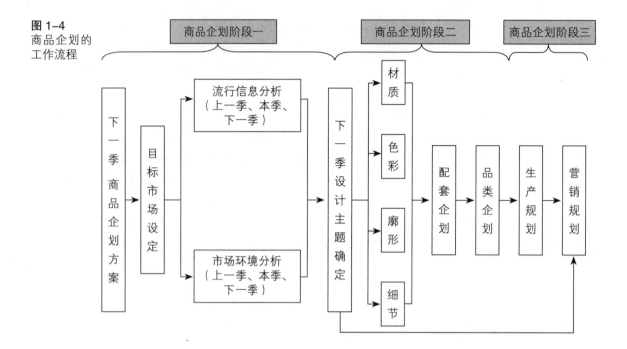

图 1-4 商品企划的工作流程

市场营销 ·································

扫码看英文资料

市场营销概述

市场营销的定义

美国市场营销协会认为：市场营销是指"计划和执行关于商品、服务和创意的观念、定价、促销和分销，以创造能符合个人和组织目标交换的一种过程"。作为围绕创造与维持目标顾客的有体系的活动，市场营销有两个重点：一是分析市场机会并决定目标消费者；二是针对目标消费者"4P"（Product, Place, Promotion, Price）要素——商品、销售场所（或分销渠道）、促销手段、价格，进行合理组合、实施。

市场营销包括渗透市场、创造并维持顾客的一系列活动，但市场营销不是单纯的销售、推销或促销活动。在销售活动中，应具备两个前提：顾客已经存在，商品已经存在。

营销的作用是传递一种更高标准的生活，更深入地了解顾客，从而使产品或服务完全适合顾客的需要并形成产品自我销售，理想的营销是让顾客主动购买。

市场营销与商品企划的关联

1. 市场营销研究的问题

服装产业运作包括一系列的采供过程、创造和开发新产品的过程、销售流通过程。这些过程贯穿三个层次：原料、制造和零售。从事服装业的人员必须深入了解这些过程，因为这些营销活动都是紧密相关的。服装设计师应该懂得消费者或购买者需要什么服装，零售店的采购者应该清楚服装在上货架前的加工工艺、成本和交货期等，以便更准确地做出适合市场的商品计划。由于服装营销涉及多个行业部门且流程非常长，而消费趋向变化如此之快和多样，影响服装消费的因素又很难精确描述和预测，这就使得服装营销在理论与实践方面都极有探讨价值。

在服装企业管理中，服装生产和作业管理研究的是物流，服装信息管理研究的是信息流，服装企业的人力资源管理研究的是人才流，服装企业的财务与会计研究的是资金流，而服装市场营销研究的是价值流。图1–5展示了价值流的增值过程。

图 1–5
服装市场营销的价值流增值过程

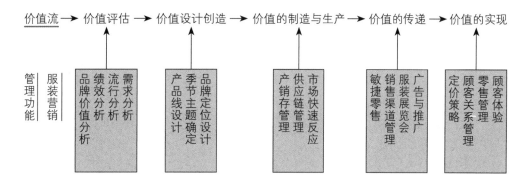

2. 商品企划研究的问题

服装商品企划是指企业针对服装消费者潜在的需求、欲望和期待，实施服装商品规划及帮助消费者达成自我实现诉求的有关服装商品的一系列经营活动。服装商品企划将文化背景、生活方式、品牌理念、社会生活、环境动向、流行趋势、服装季节主题定位、推销和促销计划、商品类别确定、生产管理、成本控制、陈列展示及时装发布进行统筹规划，最终实现企业营销目标。

3. 商品企划和市场营销的关系

商品企划具有围绕对商品的构想进行企划、生产、销售活动的功能。市场营销围绕目标消费者或市场的构想，全面发挥与商品流通相关的作用。

服装市场营销计划包括市场分析、产品分析和营销分析。市场分析包括市场定位、企业目标、竞争环境等。产品分析包括品牌SWOT[4]分析、竞品分析等。营销分析包括营销目标、策略手段、呈现方式、费用预算、收益预期、调整机制等。通常意义上来说的商品企划和市场营销具有重叠的工作内容，而广义上来说，营销计划是商品企划的一个组成部分。

---

4 SWOT 分析，S（Strengths）是优势、W（Weaknesses）是劣势，O（Opportunities）是机会、T（Threats）是威胁，即基于内外部竞争环境和竞争条件下的态势分析，就是将与研究对象密切相关的各种主要内部优势、劣势和外部的机会、威胁等，通过调查列举出来，并依照矩阵形式排列，然后用系统分析的思想，把各种因素相互匹配起来加以分析，从中得出一系列相应的结论，而结论通常带有一定的决策性。

市场营销活动的运作步骤

服装商品企划中的营销企划是以服装品牌为单位进行的市场营销活动。这种市场营销的过程可分为分析、计划、管理三个阶段，如图1-6所示。分析阶段包括市场机会分析；计划阶段包括设定企业目标、制定市场营销战略和制定市场营销计划；管理阶段包括市场营销的实施和市场营销的管理。

图 1-6
市场营销的
过程

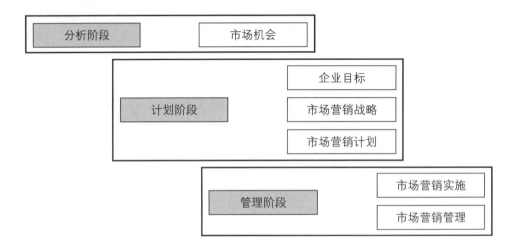

市场机会

市场营销的第一步是分析市场机会，分析即将进行的经营活动能带来的效益以及是否还有增长的机会。为了进行有效的市场机制预测，有必要先分析消费者的行为和需求。马斯洛在人的五种需求层次学说中认为，人的需求是按照"生理需求—安全需求—社交需求—尊重需求—自我实现需求"这样的顺序由低到高发展的，如图1-7所示。

图 1-7
人的五种需
求层次

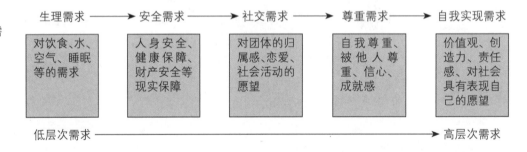

在以上这些需求中，消费者还没有被满足的需求就是重要的市场机会。

在市场营销中，"市场细分"是一种进行市场机会预测的重要方法。通过市场细分，可以将消费者分成许多不同类型。在不同的类型中，确定出最具有市场可开发性的类型。

在市场分析预测市场机会之后，将评价市场机会。基本内容包括：①对于某一类消费者，销售额和利润的市场期望；②企业渗入某一消费市场的难易程度；③针对某一消费市场，企业可否建立起竞争优势；④企业对渗入消费市场过程中的风险能否承受；⑤从投资回报的角度来看，即将实施的市场渗透有无意义。经过评价，最优的消费者类型就成为当然的目标市场。

企业目标

计划阶段的第一步是设立"企业目标"，包括两个过程：

(1) 整合企业整体的理念与目标；

(2) 为市场营销计划制定目标。

明确企业的理念与使命、文化和价值，并设定出能够量化的具体目标。例如利润额、销售增长率、市场占有率、风险降低率等。

对于市场细分后得到的消费者类型，分析并评价与之相应的各种市场机会，同时确定企业最适合进入的消费市场类型，即市场目标。这一消费市场对实现企业的经营理念最为合适，最容易实现企业的销售目标以及销售利润目标、市场占有率目标，同时风险也最低。

市场营销战略

为实现既定的市场目标，制定相应的市场营销战略。通常，对不同类型的企业可以总结出三类基本策略。

1. 强者战略

强者战略指在特定的业界、特定的商品种类市场，占据龙头地位的企业为确保其市场地位而制定的有效战略。其具体形式有：

(1) 革新战略：利用现有的领导地位和影响力，推出一些在自身商品流通的特定市场范围内适用的新规范或规则，据此阻止其他竞争者的渗入。

(2) 对抗战略：面临强有力的竞争对手的挑战，采用降低商品价格等方法进行冲击。

(3) 搅局战略：对批发商、流通经销商施加压力，使其不再采购或经销竞争对手的商品，或者指出竞争对手的弱点，使其经营者们不再为对手企业工作。

2. 挑战战略

挑战战略指在特定的业界、特定的商品种类市场中，处于第二、第三、第四位的企业为向龙头企业挑战、提升自身市场地位而制定的战略。其具体形式有：

(1) 廉价销售战略：营销与龙头企业品质相同的商品时，制定更低的价位。

(2) 提供廉价商品战略：将品质不及龙头企业的商品，以非常便宜的价格提供给消费者。

(3) 高级品战略：销售比龙头企业价格更高的商品。

(4) 制品多样化战略：提供比龙头企业更多的商品种类，使本企业的商品种类更具有吸引力。

(5) 商品革新战略：革新或改进本企业的商品，以动摇龙头企业的地位。

(6) 改善服务战略：与龙头企业相比，提供更多更好的服务。

(7) 流通革新战略：开发新的流通渠道，从而威胁龙头企业的流通体系。

(8) 降低成本战略：以比龙头企业更低的成本来制造商品。

(9) 广告集中化战略：投入比龙头企业更多的广告。

3. 弱者战略

弱者战略指业界中的中小型企业，应当根据自身特点探索更有效的战略形式。实质上是合理限定经营活动的特定领域，在其中发挥独具的专门性和特长，以此作为与大企业竞争的依托和优势。其具体形式有：

(1) 最终用途特定化战略：针对某一特定最终用途的商品进行专门销售。

(2) 特定阶段特定化战略：在材料阶段、中间制品阶段、最终制定阶段中选择某一个阶段作为特定切入点。

(3) 顾客规模特定化战略：只以某一规模的顾客群体为特定对象来进行营销。

(4) 特定顾客专卖化战略：只针对极少数的特定顾客进行专门营销。

(5) 地域特定化战略：只在特定的地域开展市场活动。

(6) 商品线特定化战略：只在特定的商品线范围内开展生产销售活动。

(7) 商品特征特定化战略：只生产和销售具有特定特征的商品线。

(8) 定制特定化战略：只生产和销售针对顾客的定制商品。

(9) 最高级品、低级品特定化战略：只生产和销售某类商品中的最高级品或低级品。

(10) 服务特定化战略：以提供独一无二的服务为特征。

市场营销计划

市场营销计划通常是以年为单位制定，然后再按月或季节进行细分。在制定市场营销计划时，通常是将市场营销手段从大的方面分为商品、卖场、促销、价格四种，并对四种手段进行有效的营销组合。

为满足消费者欲求，"商品"的品质或机能应与消费者的需求相吻合；同时还要保证商品能够进入消费者能接触的"卖场"；并举办"促销"活动，使消费者熟悉商品的品牌名称与特性。在实际操作中，为使消费者完成最后的购买行为，"价格"也是一个非常重要的因素。

基于营销组合，各种常用的市场营销手段，如图1-8所示。在制定市场营销计划方案时，对这些手段，在实际中还必须研究如何具体操作。

图1-8
常用的市场营销手段

商品	卖场	促销	价格
品质、特征、形状、尺寸、品牌名称、包装、退货条件、品质保证、服务水准	流通渠道、流通区域、零售店分布、库存量、保管场所、运输手段	广告、人员推销、销售推广、公共宣传	价格水平、折扣率、支付条件

市场营销实施和管理

确定市场营销方案后，进入计划实施阶段。可以形成一个市场营销计划实施的具体手册。在实施阶段明确计划的目标及意义，能激发相关人员的能动性和参与意识。

市场营销计划实施后，预期的目标与实际业绩之间往往存在一定的差距。为及早发现问题、掌握实际操作中偏离预定目标的程度并进行适当的调整，有必要进行市场营销的管理工作。在市场营销的管理中，要建立能及时发现问题的反馈体系，并将重点放到调整、修正工作上。

为了能从总体上迅速把握市场销售活动，可开发基于计算机技术的市场信息决策系统，如图1-9所示，评定市场营销活动的业绩，如图1-10、1-11所示。

图 1-9
市场信息决策管理系统

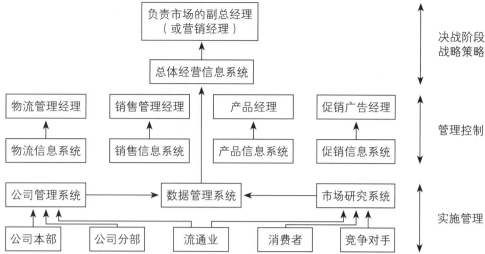

图 1-10
营销业绩的定量测定因素

1. 销售额
（1）不同商品品类
（2）不同零售店
（3）不同区域
（4）与上年同月相比的增长率
（5）与预算计划相比的增长率
2. 毛利率（同 1 中的各项项目）
3. 营业经费（同 1 中的各项项目）
4. 销售利润（同 1 中的各项项目）
5. 卖场商品库存（同 1 中的各项项目）
6. 本公司商品库存（同 1 中的各项项目）
7. 市场占有率
（1）不同商品品类
（2）不同零售店业态类型
（3）不同区域
（4）与上年相比的变化率
8. 商品动销率（同 7 中的各项项目）

图 1-11
销售状况的评价因素

1. 目标顾客的购物情况
2. 顾客对商品的满意程度
色彩，图案，款式设计，尺寸，材料，尺寸修正，包装
3. 顾客对卖场的满意程度
（1）卖场的数量
（2）卖场中商品保管状况
（3）卖场中店员服务态度
（4）对缺货商品的追加采购
4. 顾客对商品价格的满意程度
（1）正常销售时的商品价格
（2）减价销售时的商品价格
5. 顾客对促销活动的满意程度
（1）品牌的知名度、品牌的形象
（2）针对消费者的促销活动
6. 同零售店之间的代理关系
（1）同零售店之间的代理条件
（2）零售店的销售能力
（3）零售店的销售愿望
7. 竞争状况与竞争力的变化

4P 理论与 4C 理论

4P 理论概念

在市场营销组合观念中，4P 是指：商品（product）、价格（Price）、渠道（Place）、促销（Promotion），4P 理论是营销策略的基础。如图 1-12 所示。

(1) 产品的组合：主要包括产品的实体、服务、品牌、包装。它是指企业提供给目标市场的货物、服务的集合，包括产品的效用、质量、外观、式样、品牌、包装和规格，还包括服务和保证等因素。

(2) 价格的组合：主要包括基本价格、折扣价格、付款时间、借贷条件等。它是指企业出售产品所追求的经济回报。

(3) 渠道的组合：主要包括分销渠道、储存设施、运输设施、存货控制，它代表企业为使其产品进入和达到目标市场所组织、实施的各种活动，包括途径、环节、场

图 1–12
4P 营 销 组
合

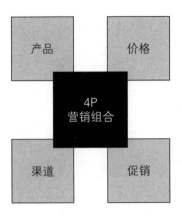

所、仓储和运输等。

(4) 促销组合：促销组合是指企业利用各种信息载体与目标市场进行沟通的传播活动，包括广告、人员推销、营业推广与公共关系等。

以上 4P（产品、价格、渠道、促销）是市场营销过程中可以控制的因素，也是企业进行市场营销活动的主要手段，对它们的具体运用，形成了企业的市场营销战略。

4C 理论概念

4C 理论是由美国学者罗伯特·劳特朋（Robert Lauterborn）[5] 提出的，该理论的提出标志着市场营销理论已经进入到更为成熟的阶段。4C 营销理论的四个基本要素是顾客（Customer）、成本（Cost）、便利（Convenience）及沟通（Communication）。如图 1–13 所示。4C 营销理论的出发点是消费者，而不是企业，是指根据消费的需求，考虑消费者想要的商品、愿意支付的成本，通过沟通的形式了解消费者，为消费者提供便利。

图 1–13
4C 营 销 组
合

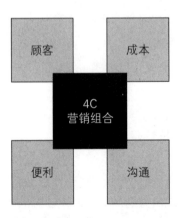

"顾客"主要指顾客的需求。作为企业，在生产经营前必须进行市场调查，了解消费者的需求，提供产品来满足消费者的显性需求。企业努力提供超过消费者预期的产品或者服务，由此让顾客产生满足感，从而产生客户价值。

"成本"不是企业的生产成本，不是仅指交易中的价格，而是指顾客为了购买某件商品而付出的所有成本，包括顾客购买商品所花费的时间、体力及承担的风险。顾

---

5 罗伯特·劳特朋，著名的营销理论专家，整合营销传播理论的奠基人之一。他于 1990 年，在其《4P 退休 4C 登场》专文中，提出了以顾客为中心的一个新的营销模式——著名的 4C 理论。

客购买商品的成本应该低于消费者的心理预期价格，但同时依然能够让企业产生盈利。只有顾客购买商品所付出的成本低于其心理预期，顾客才会产生物有所值的愉悦感，才会形成重复购买。

"便利"是指顾客在购买产品和使用产品时感觉到方便，从而降低消费者购买的成本，提升产品的价值。以往企业考虑成本，寻求自己的便利，但 4C 理论更强调在制定分销策略时，要通过送货上门等各种方法，让顾客感觉到购物的便利。

"沟通"是指通过沟通及时准确地了解每个消费者的需求。4C 理论认为，企业要改变以往模式，应通过与顾客进行积极有效的双向沟通，建立基于共同利益的新型企业 / 顾客关系。不是企业单向对顾客进行劝说，而是双方通过沟通的方式找到能同时实现双方目标的通途。

4C 理论的优越性主要体现在以下几个方面：

(1) 瞄准消费者需求。只有探究到消费者真正的需求，并据此进行规划设计，才能确保项目的最终成功。由于消费者的生活经历、受教育程度、工作性质、家庭结构、个人审美情趣各不相同，每个人对商品品质需求的侧重点也大不相同，因此要了解并满足消费者的需求并非易事。4C 理论认为，了解并满足消费者的需求不能仅表现在一时一处的热情，而应始终贯穿于产品开发的全过程。

(2) 了解消费者愿意支付的成本。消费者为满足其需求所愿意支付的成本包括：消费者因投资而必须承受的心理压力以及为化解或降低风险而耗费的时间、精力、金钱等诸多方面。

(3) 消费者的便利性。咨询、销售人员是与消费者接触、沟通的一线主力。他们的服务心态、知识素养、信息掌握量、言语交流水平，对消费者的购买决策都有着重要影响，因此相关人员要尽最大的可能为消费者提供方便。

(4) 与消费者沟通。营销大战在很大程度上就是广告大战，广告与沟通的差别不只是说法不同，还有着创作思维基础上的本质区别。仔细审视各种广告就会发现，它们大多面貌相似，模式化、定式化趋势非常明显。不仅是广告文案、创意表现大同小异，就连报纸上的广告发布版面、日期选择都高度雷同。众所周知，广告的天职是创新，是树立个性，广告面貌雷同的结果必定是广告质量的低劣。造成这一现象的原因是厂商们都以"请消费者注意"，而不是"注意消费者"的 4C 模式为出发点，广告创作的基础仍是厂商和创作人对项目的简单认识。

4R 理论概念

当然还有一些其他的营销理论，例如 4R 营销理论，如图 1–14 所示。4R 营销理论注重与顾客的长期互动，以关系营销为核心，重在建立客户的忠诚。4R 理论通常有以下 4 个要素：

(1) 关联（Relevancy），将顾客与企业认作一个命运共同体。

(2) 反应（Reaction），从顾客的角度及时认真地分析市场，倾听、预测并对市场进行引导。

(3) 关系（Relationship），在当下的市场环境中，与顾客建立长期而稳固的关系已成为抢占市场的关键。

(4) 报酬（Reward），企业追求合理的市场回报，合理的回报支持交易与合作关系的稳固和发展，这也是营销活动的最终目的。

图 1-14
4R 营 销 组 合

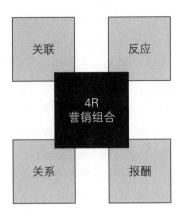

4P 与 4C 营销组合的关系和区别

　　4P 与 4C 可以互相对应。产品用以满足消费者需求，渠道通常用以提供便利，价格就是消费者的成本，促销则是与消费者沟通，如图 1-15 所示。

图 1-15
4P 与 4C 营
销组合的关
系和区别

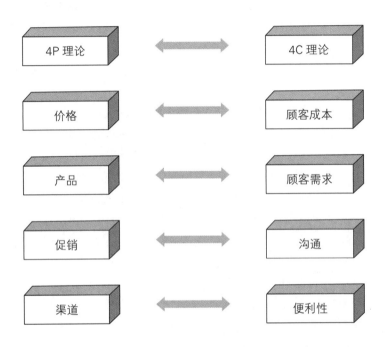

　　从出发点导向来看，4P 理论是以企业为出发点，看重市场运行的规则，重视用产品去引导消费者；4C 理论以消费者为出发点，注意消费者的需求，强调用消费者的需求来引导产品。从营销组合的基础来看，4P 理论的基础是产品策略，企业生产某种商品后，再加上适当的利润形成定价，然后通过渠道进行销售，为了增加销售量辅以促销；4C 理论是以传播信息和有效的双向沟通为基础，通过双向沟通建立互惠互利的关系。从宣传内容上看，4P 理论宣传的主要是产品卖点，产品的功能和特效，主要强调的是产品自身的特点；4C 理论注重各种资源的整合，努力打造企业形象和品牌，把品牌的塑造和顾客忠诚度的建立作为企业营销工作的核心。

时尚商品企划策略模式·························

扫码看英文资料

国内时尚商品企划的实施形式

企划原意是指创作或规划，但时尚商品企划不是一项单纯的技术工作，而是一种企划与设计相结合，通过塑造形象、倡导某种生活方式来表现人们感性价值的创造活动。这种具有特殊意义的工作在国内服装企业活动中的实施形式有以下几种：

通过设计师的原创构思实现商品企划

这种类型的商品企划通常为一些知名的设计师品牌所用，如迪奥等高级女装品牌。它们依靠原创设计，独立发布最新的时尚信息，引导流行。类似这种依靠设计师的才能或感悟进行前瞻性企划的国内服装企业并不鲜见。设计师的风格引领着品牌的风格。但国内这些企业也产生了一些问题，如由于设计师的更替而使原来苦心营造的品牌形象难以保持稳定，这种做法既难以使品牌孕育高附加值，又难以培养目标顾客对品牌的忠诚度。时尚商品企划若绝对维系于设计师的灵感，则企业的运营稳定性较差。

通过代理或品牌合作经营的商品企划

这种类型的商品企划是企业依靠与国外名牌联姻、合作，取得新季节的商品款型，避免商品企划原创实施的高风险，同时借助国外品牌的影响力，迅速渗透市场；但企业往往要付出高昂的品牌租赁或特许费用，并且难以形成自己独立的、鲜明的品牌或商品形象，塑造高附加值，实现可持续经营。

"拿来主义"形式的商品企划

这种类型的商品企划依靠"拿来主义"进行。时尚如一条河，其中流动的是潮流。从世界范围来看，巴黎、伦敦、米兰、纽约、东京处于上海、北京的上游；从国内范围来看，香港、上海、北京又处于其他城市的上游。具有商业价值的流行时尚往往是从上游地区流向下游地区，因此一些服装企业在企划下一季商品时，直接奔向时尚的上游地区，根据企业所处环境和企业理念购买样衣，再进行驳样生产。这种形式避免了商品企划设计的高成本，又降低了风险；同时客观上也使流行信息、新型的生活价值观得到了传播和采用。购买样衣的过程代替了商品企划的实施过程，直接决定了企业商品形象倾向与投资回报率。另一方面，姑且不论"拿来主义"的实效而言，随着我国经济迅速发展，消费者日益成熟，当购衣择装更多地从性感和独特的自身审美角度进行时，"拿来主义"便会走到尽头。近年来，国内上海等地区已从原来的时尚传播的世界中游位置提升为时尚之河的上游，本身亦是时尚发源地。可见，"拿来主义"的商品企划并非长久之策。

生产多年不变的常规品类的商品企划

这种类型的商品企划形式是一些生产常规品类的服装企业常采用的。这类企业认为没有必要对应每一季实施全面的商品企划，因而其商品企划是多年的继承和总结，生产经营具有稳定性且低风险。国内一些西服、衬衫、西裤等男装生产企业多属此类。企业运营的重点在于扩大再生产，实施规模经营、降低成本、提高质量，以提高市场占有率，但此种商品企划体系不适合附加值更大、时尚流行成分含量更高的女装等高感度、个性化服装品类的经营，并且也面临着激烈的竞争、市场渐趋饱和、商品附加值提升空间有限的问题。

除此之外，国内商品企划实施还有其他一些表现形式，特别是预测提案型商品企划策略，它对推进个性化服装品牌的建立、满足个性化消费者的时尚需求正发挥着越来越重要的作用。

时尚商品企划的战略选择

时尚商品企划要求企业具有对这种涉及多种感性因素的工作进行合理管理的功能和体制。实施商品企划有多种战略选择，而为实现企业经营目标可采取的战略如图1–16所示。图中纵轴为营销模式选择，横轴是商品企划的运营方式。

图 1–16
商品企划的战略

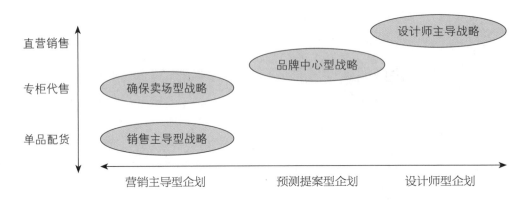

纵轴有直营销售、专柜代售、单品配货三类营销模式。直营销售是指自营店、特许店以及百货店中的店中店；专柜代销是指百货店中设置品牌代销专柜；单品配货指的是在百货店或其他卖场中，以单品形式与其他品类商品组合销售。

横轴有设计师型企划、预测提案型企划、营销主导型企划三类企划运作方式。

设计师型企划

设计师型企划是指以设计师的感性为基点进行商品企划。设计师自身参与企业的经营决策，引领企业的整体形象，因而其设计特征在多数情况下引领着企业的形象。由于企业的规模、设计师的个性各不相同，企业可能存在从单人体制到大规模经营体系（如首席设计师制）等多种形式，但其共同点在于高层经营决策层和企划设计活动之间建立了直接、密切的品牌形象，因而企业在商品企划的过程中，理念明确、运营高效。这种企业具备了经常进行前瞻性企划的能力。但是，兼具设计与管理才能的设计师人才难求导致的高成本以及维系企业命运的设计师更替等可能带来的高风险，使得此种战略很难被大多数中、小型服装企业接受。

例如，素然品牌是本土设计师王一杨在2002年创立的个人品牌。素然的品牌定位由早先的个人设计师品牌逐渐转型为更多元化的本土设计品牌，其风格独特、个性鲜明；是一个以原创设计为基本特征，用设计感受生活，以适度设计为核心，不标榜华丽，不刻意追求简约，以平实的态度理解生活，以新世纪街头（潮流的、英伦的、有个性的）、运动风格为代表的年轻一代的时装设计品牌。

预测提案型企划

预测提案型企划是指商品企划人员在设计师的协同下，针对下季的时尚流行和商品销售进行预测提案的商品企划。企业依靠以品牌为中心的较完备的预测提案型商品企划体制，使企划人员和设计人员的企划和设计活动都很好地融入组织活动中。

以品牌战略为中心的预测提案型商品企划方式，广泛应用于各种国际国内服装品牌，也适合国内大多数中小型服装企业，例如森马服饰等。随着近些年来海外知名服装企业大力拓展中国市场，其领先的行业思维给中国的本土品牌企业的产生和持续发展带来了肥沃的"土壤"。1996年，邱光和创立森马集团，实施"品牌兴业"战略，走"增长与成长相结合"的发展之路，以文化力推进营销。森马集团现有行销企划、生产设计、人力资源、财务管理、行政管理、营销管理六大中心，四个全资公司、十个分公司，拥有休闲装"Semir"、童装"balabala"等知名服装品牌，如图1-17所示。森马采用虚拟经营、本土化生产，生产全面外包且代工厂大多集中于温州，生产成本较低。但是森马也有一定的劣势：首先，设计依赖过往的市场数据，反应速度慢，难以把握市场潮流，导致库存压力大；其次，渠道和供应商分散，无法形成及时快速的连锁反应，加盟商比重过大，不利于统一管理；最后，原材料质量一般，生产过程中质量控制不严，店铺中打折产品款式陈旧。从竞争格局上看，森马旗下品牌与优衣库等快时尚品牌在中国市场形成错位竞争。森马服饰扎根于中国市场，产品定位在大众价格，而优衣库则主打高性价比基本款服饰产品。除此之外，森马在童装领域建立绝对的领先优势。从销售渠道上看，森马采用加盟模式实现品牌的快速扩张，而优衣库则采用直营模式在中国市场稳步发展，通过丰富的服装品类来支撑店面扩张。

图1-17
森马店铺展
示图

营销主导型企划

营销主导型企划是指基于竞争企业、品牌、商店以及本企业的营销特征进行商品企划。营销主导型企划与单品配货营销模式相结合的销售主导型战略，以及营销主导型企划与专柜销售营销模式相结合的确保卖场型战略，是国内多数服装企业沿用的方式。这两种方式紧跟市场变化，企业活动围绕销售工作展开，较适合大众化商品推广。但采取这两种方式的企业缺乏培育高感度品牌的组织机制"土壤"。

预测提案型商品企划的市场营销组合策略

以品牌战略为中心的预测提案型商品企划，要求服装企业根据品牌设定的目标市场及品牌理念，采取相应的市场营销组合策略。

目标市场及品牌理念设定，如图1-18所示，是以"3C"为前提，实现"4P"。"3C"是指了解消费者（Consumer）、本企业（Corporation）的方针和定位以及竞争对手（Competitor）的企业或品牌。以此为基础，设定品牌所针对的目标市场或消费者，掌握他们的生活方式和生活环境，确定品牌理念和风格形象，通过营销组合"4P"予以具体实现。主要内容如下：

图1-18
目标市场及
品牌理念设定

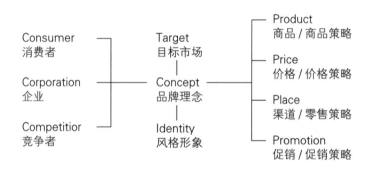

本章提问与思考·····························

1. 什么是商品企划？
2. 时尚商品企划的工作范畴包括哪些？
3. 为确保商品企划组织的有效运作，结合商品企划组织架构及商品企划流程，谈谈应注意哪些事项。
4. 市场营销与商品企划的联系是什么？
5. "4C"与"4P"分别是什么？
6. 商品企划的策略模式主要有哪些？

第二章
商品企划分销渠道

本章是关于商品企划分销渠道的解读。首先，对时尚商品企划分销渠道进行概述，解释了分销渠道的基本概念、构成形式及组合策略，介绍了传统零售渠道的形式，包括百货公司、品牌专卖店、折扣店、大型购物中心、批发市场等。而后，总结电商渠道的主要商务模式，分析了服装电子商务的现状、我国服装市场以及电商渠道 1.0 的特点。再者，描述了电商渠道 2.0 的种类和模式，列举了贝贝网、蘑菇街、唯品会等垂直电商。最后，以小红书、拼多多、云集等为例，将电商渠道 3.0 的种类分为社交内容电商、社交分享电商、社交零售电商三类。

扫码看英文资料

时尚商品企划分销渠道概论··················

扫码看英文资料

分销渠道的概念

分销渠道的定义

市场营销渠道是促使产品或服务顺利地被使用或消费的一整套相互依存的组织，市场营销渠道也称贸易渠道或分销渠道。世界著名市场营销专家菲利普·科特勒认为："一条分销渠道是通过零售商和中间媒介将某种货物从生产者向消费者移动的一个途径。渠道中的中间媒介也就是代理商或者称为中间商。"

分销渠道是产品从生产企业到顾客所经过的路径及其中介组织的活动，其目标是使企业生产经营的产品或服务顺利地被使用或消费，使消费者在适当的时间和地点能买到满足自己需求的商品。因此，分销渠道的目的是让产品以正确的数量、在正确的时间运送到正确的地点。

网络营销利用互联网这一快捷方式生成电子订单，不仅提高了各方面的交流速度，而且有效解决了传统分销渠道效率较低、成本较高、资源过剩等缺点，在加快信息传送和提高顾客服务水平两个方面成果显著。互联网的互动性使公司与其供应链的成员形成紧密的合作关系。通过电子方式了解公司的顾客们订购了什么，供应商可以精确地知道应该在什么时候运送原料以满足顾客需求，从而可以减少手头的库存，这就降低了公司的运输成本，使其更具有竞争力。

服装分销渠道的种类

根据有无中间商参与交换活动，可以将服装分销渠道归纳为两种最基本的销售渠道类型：直接分销渠道和间接分销渠道。

1. 直接分销渠道

直接分销渠道又叫直销，是指生产者将产品直接供应给消费者或用户，没有中间商介入，也可以称之为零级分销。

直接分销渠道的形式是：从生产者直接到用户，其具体方式有以下三种：

(1) 订购分销，是指生产企业先与用户签订购销合同或协议，然后在规定时间内按照合同条款供应商品。

(2) 专卖店销售，是指生产企业通常将专卖店设立在生产区外、用户较集中的地方或商业区。也有一些邻近用户或商业街区的生产企业将专卖店设立于厂前，也就是俗称的"前店后厂"。

(3) 联营分销,是指工商企业之间、生产企业之间联合起来进行销售。

2. 间接分销渠道

间接分销渠道是指生产者利用中间商将商品供应给消费者或用户,中间商介入交换活动。间接分销渠道的典型形式是:从生产者经过批发商与零售商,最后到达消费者,其具体方式有:厂店挂钩、特约经销、零售商或批发商直接从工厂进货、中间商为工厂举办各种展销会等。

传统分销渠道构成

分销渠道的组成

传统分销渠道是指由独立的生产商、批发商、零售商和消费者组成的分销渠道。这种分销渠道成员之间的系统结构是松散的,每个成员均是独立的,往往会因追求自身利益的最大化而激烈竞争,甚至不惜牺牲整个分销渠道的利益。在传统分销渠道中,几乎没有一个成员能完全控制其他成员。

传统分销渠道是由生产者、批发商、零售商和消费者组成的联合体。服装销售渠道由三个基本要素组成:服装生产商、服装中间商、服装消费者。

垂直分销系统

垂直分销系统是由生产者、批发商和零售商纵向整合组成的统一系统。该渠道成员或属于同一家公司,或将专卖特许权授予其合作成员,或有足够的能力使其他成员合作,因而垂直分销能控制渠道成员行为,消除某些冲突。

垂直分销渠道系统有三种形式:

公司式垂直渠道系统,即由一家公司拥有和管理若干工厂、批发机构和零售机构,控制渠道的若干层次,甚至整个分销渠道,综合经营生产、批发和零售业务。

管理式垂直渠道系统,即通过渠道中某个有实力的成员来协调整个产销通路的渠道系统。

合同式垂直渠道系统,即不同层次的独立的制造商和中间商以合同为基础建立的联合渠道系统。

长渠道和短渠道

分销渠道的长短一般是按流通环节的多少来划分,具体包括以下四级:

(1) 零级渠道:由制造商直接到消费者;

(2) 一级渠道:由制造商通过零售商到消费者;

(3) 二级渠道:由制造商到批发商再到零售商最后到消费者,或者由制造商到代理商再到零售商进而到消费者;

(4) 三级渠道:由制造商中间经过代理商、批发商、零售商最后到达消费者。

由此可见,零级渠道最短,三级渠道最长。

传统零售渠道的形式

传统零售渠道的形式包括百货公司、品牌专卖店、折扣店、大型购物中心、批发市场等。

1. 百货公司

百货公司是指在一个大建筑物内，根据不同商品部门设销售区，开展进货、管理、运营，以满足顾客对时尚商品多样化选择需求的零售业态。表 2-1 是杭州市主要百货商店的定位分析。

表 2-1
杭州市主要
百货商店的
定位分析

商场名	目标市场锁定	品牌情况	消费群体特征	理念	服务
杭州大厦	高端消费群体，30~45 岁，中高收入阶层	5 万多种国内外中高档品牌	职业稳定，有一定的社会地位，对品牌产品偏好，消费能力强	生活购物享受	员工结构年轻并有较高的文化素养，受过专门训练，接受新事物的能力较强，能较好满足消费者的需求，员工本身对工作的满意度较高
银泰百货	中高端消费群体，30 岁以下的年轻人，新型家庭，女性消费者	中高档品牌为主，分带头品牌、主要品牌、第三品牌三个层次	消费意识超前，追求时尚，更新消费商品频率高	传递新的生活美学	
杭州百货大楼	工薪阶层，收入一般	中档为主，大众化品牌为主打	消费观念保守，对大众化商品比较偏好，要求商品物美价廉	百大百分之百为大家	员工年龄偏大，思维方式和服务模式传统，对工作满意度较低

注：杭州大厦和银泰百货的定位较准确，既有特定的目标客户，又有现实和潜在的消费潜力。杭州百货大楼定位的工薪阶层范围太广，目标消费者不够明确。

2. 品牌专卖店

品牌专卖店是以专门经营或授权经营某一主要品牌（制造商品牌和中间商品牌）商品为主的零售业态。专卖店选址在繁华商业区、商店街或百货公司、购物中心内，营业面积根据经营商品的特点而定，商品结构以著名品牌、大众品牌为主。专卖店的销售体现出量小、质优、毛利高的特点，商店的陈列、照明、包装、广告讲究，采取定价销售，注重品牌名声，从业人员具备丰富的专业知识并提供专业知识性服务。

3. 折扣店

折扣店又称 Outlets，是以销售自有品牌和周转快的商品为主，限定销售品种，并以有限的经营面积、服务和低廉的经营成本，向消费者提供"物有所值"的商品为主要目的的零售业态。品牌折扣店最大的竞争优势便是物美价廉。例如位于海宁的百联奥特莱斯广场，其中包括 Armani、Zegna、Burberry 等世界著名品牌折扣店，店内商品一般打 3~7 折，满足了部分经济实力不足，却又追求名牌的消费者对名牌商品的购物需求。

4. 大型购物中心

大型购物中心主要经营杂货、服装、家具和室内用品，花色品种齐全，提供的服务也各式各样，并且有娱乐设施。这类购物中心营业面积很大，一般有一家百货公司进驻，外加上百家专卖店零售店组成。根据不同层次的定位，购物中心的选址也有所不同，可以在城乡结合部、住宅区、交通要道，也可以在城市 CBD 中心位置，并且设有与商店营业面积相适应的停车场。

5. 批发市场

所谓批发市场就是指向零售商、企业和事业单位销售商品和服务的市场，是一种专门从事批发贸易而存在于生产者和生产者之间、生产者和零售商之间的中间商业。其职能在于通过买卖，把商品从生产者手中收购进来，然后再将其转卖给其他生产者或零售商。

批发市场对商品流通的功能与作用是不可替代的，主要表现为：一是对商品合理流通的集散功能和商品需求信息的传递功能不可替代；二是对中小零售商提供低成本、齐全商品和配送服务的支持作用不可替代；三是对生产、现代物流或配送、走新型工业化道路、吸纳就业等相关产业发展的带动作用不可替代。

渠道组合策略

分销渠道的设计原则

分销渠道的设计应遵循以下原则：

(1) 客户导向原则。企业欲求发展，必须将市场客户要求放在第一位，建立客户导向的经营思路。

(2) 最大效率原则。企业选择合适的渠道模式，目的在于提高流通的效率，不断降低流通过程中的费用，使分销网络的各个阶段、各个环节、各个流程的费用合理化。

(3) 发挥企业优势的原则。企业在选择分销渠道时，要注意发挥自己的特长，确保在市场竞争中的优势地位。现代市场经济的竞争早已是整个规划的综合性网络的整体竞争。企业依据自己的特长，选择合适的渠道网络模式，能够达到最佳的经济效应和良好的客户反应。

(4) 合理分配利益原则。合理分配利益是渠道合作的关键，利益的分配不公常常是渠道成员矛盾冲突的根源。因此企业应该设置一整套合理的利益分配制度，根据渠道成员负担的职能、投入的资源和取得的成绩，合理分配渠道合作所带来的利益。

(5) 协调及合作原则。渠道成员之间不可避免地存在着竞争，企业在建立、选择营销渠道模式时，要充分考虑竞争的强度。一方面鼓励渠道成员之间的有益竞争，另一方面又要积极引导渠道成员的合作，协调其冲突，加强渠道成员的沟通，努力使各条渠道有序运行，实现既定目标。

(6) 覆盖适度的原则。企业在选择分销渠道模式时，仅仅考虑加快速度、降低费用是不够的，还应考虑商品能不能销售出去，是否有足够的市场覆盖率以支持针对目标市场的销售任务。

(7) 稳定可控的原则。企业的分销渠道模式一经确定，便需花费相当大的人力、物力、财力去建立和巩固，整个过程往往是复杂而缓慢的。

中间商的选择

如果企业确定选择间接渠道进入市场，应做出选择中间商的决策。中间商的素质与实力直接影响着企业是否能够很好地贯彻分销政策、实现分销目标。中间商应具备一些基本条件，如图 2-1 所示。中间商的选择具体参考四个原则：

一是目标市场方便原则，让目标市场的消费者就近、方便地买到企业的产品，是选择中间商的最基本的原则。

二是匹配原则，中间商的形象、经营范围应与厂家相匹配。

三是突出产品销售原则，所选择的中间商应能够弥补企业在产品销售方面的劣势，也就是市场开拓能力，中间商的以往业绩是评判其市场开拓能力的一个重要指标。

四是同舟共济原则，所选中间商与厂家的互相依赖程度及互利程度。

中间商数目的确定，即决定渠道的宽窄，通常有三种可供选择的形式：

(1) 密集型分销，运用尽可能多的中间商分销，使渠道尽可能加宽。

(2) 独家分销，在一定的地区内只选定一家中间商经销或代理，实行独家经营。

(3) 选择性分销，即有条件地精选几家中间商进行经营。

图 2-1
中间商应具备的条件

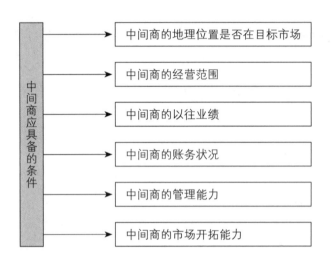

渠道长度的选择

1. 根据市场因素选择渠道长度

(1) 目标市场范围：潜在的顾客数量越多，目标市场范围越大，需要越多的中间商转售，应选择长渠道；反之，则应选择短渠道或最短渠道。

(2) 顾客的集中程度：顾客不集中或分布广，应选择长渠道，如食品、饮料；反之，则应选择短渠道或最短渠道，如汽车。

(3) 市场需求性质：消费者人数多、分布广、购买频率高、购买量小，应选择长渠道，如消费品、日常生活用品；反之，则应选择短渠道或最短渠道，如生产资料、日常生活用品和特殊品。

(4) 零售商规模与数量：零售商规模小、数量多、进货批量小，应选择长渠道；反之，则应选择短渠道或最短渠道。

2. 根据商品因素选择渠道长度

(1) 商品的物理属性：体积小、重量轻的商品，应选择长渠道；反之，则应选择短渠道或最短渠道。

(2) 商品价格：商品的价格高低与渠道的长短成反比。价低应选择长渠道，价高则应选择短渠道或最短渠道。

(3) 商品的时尚性：款式不易变化、时尚程度不高的商品，多选择长渠道；反之，则应选短渠道。

(4) 商品的标准化程度：标准化程度高的商品，多选择长渠道；反之，则选择短渠道或最短渠道。

(5) 商品的技术性：技术通用性强、不需要特殊技术服务的商品，多选择长渠道；反之，则选择短渠道或最短渠道。

(6) 商品的生命周期：新商品初期，多选择最短渠道；商品进入成长期和成熟期，多选择长渠道；商品衰退期，多采用短渠道。

3. 根据生产者自身因素选择渠道长度

(1) 生产者的实力：生产者在规模、声誉和财力上是有限的，如果没有市场营销知识、经验和能力，没有相应的物流设施，只能依赖中间商，多选择长渠道；反之，则多选择短渠道或最短渠道。

(2) 生产者的销售能力：生产者没有市场营销能力和经验、没有相应的物流设施，多选择长渠道；反之，则多选择短渠道或最短渠道。

(3) 生产者的服务能力：最终消费者需要生产者能够提供维修、安装、调试等很多服务项目。如果生产者的服务能力难以满足顾客需求，多选择长渠道；反之，则选择短渠道或最短渠道。

(4) 生产者的商品组合：生产者的商品组合深度和广度不大，不能满足多品种、多规格、小批量，多选择长渠道；反之，则选择短渠道或最短渠道。

(5) 生产者控制渠道的愿望：生产者因成本等因素，不希望控制分销渠道，多选择长渠道；反之，则多选择短渠道或最短渠道。

4. 根据中间商因素选择渠道长度

(1) 合作的可能性：中间商普遍有意愿合作，多选择长渠道；反之，则多选择短渠道。

(2) 费用：利用中间商要支付费用，费用低选择长渠道；反之，则选择短渠道。

(3) 中间商的服务能力：中间商能够提供较多的高质量服务，多选择长渠道；反之，则多选择短渠道。

5. 根据环境因素选择渠道长度

(1) 国家经济政策：国家控制或专卖的商品，多选择长渠道；反之，则多选择短渠道。

(2) 经济形势变化：如经济景气、形势看好，渠道长度的选择余地较大；如经济萧条、通货紧缩、市场疲软，则多选择短渠道。

(3) 国家法律法规：对外贸易法、反垄断法、税法、政府采购法都会对渠道长度的选择有影响。

零售店的选择

零售商的数目众多，形式和规模各异，很难按统一标准划分，从以下四个角度来分析零售类型：

(1) 按产品线的长度和深度，可以分为专业商店、百货商店、超级市场、便利店、混合商店、超市、酒店和专业市场。

(2) 按价格的相对程度，可以分为普通商店、折扣商店、仓储商店等。

(3) 按提供服务程度，可以分为自助式零售店、有限服务零售店、完全服务零售店。

(4) 按零售网点的集散程度，可以分为中心商业区、地区购物中心、住宅区购物中心、邻里购物中心。

时尚商品企划电商渠道 1.0·················

扫码看英文资料

电商渠道范畴

电商渠道定义

电子商务，英文是 Electronic Commerce，简称电商（EC）。电子商务通常是指在全球各地广泛的商业贸易活动中，在互联网开放的网络环境下，基于浏览器／服务器应用方式，买卖双方不谋面地进行各种商贸活动。这是一种利用计算机技术、网络技术和远程通信技术，实现整个商贸活动过程的电子化、数字化和网络化，完成消费者的网上购物、商户交易、在线电子支付、商务活动、金融活动和相关综合服务活动的新型商业运营模式。

服装行业的电子商务涉及服装面料采购、服装设计、生产加工、销售、物流配送等整条产业链上的各个环节，对服装企业的生存发展起着至关重要的作用。

电商渠道的主要商务模式

电子商务模式是电子商务运行的秩序，是指电子商务所提供的产品、服务、信息流、收入来源及各利益主体在电子商务运作过程中的关系和作用的组织方式与体系结构。

按照交易参与主体不同，将电子商务模式分为以下几个主要类型：

1. 企业与企业之间的电子商务

企业与企业的电子商务称为 B2B 电子商务，即 Business-to-Business 的缩写，是指企业与企业之间通过专用网络或互联网，进行数据信息的交换、传递，开展交易活动的商业模式。

这些过程包括：发布供求信息、订货及确认订货、支付过程及票据的签发、传送和接收、确定配送方案并监控配送过程等。这种交易可能是在企业及其供应链成员之间进行的，也可能是在企业和任何其他企业之间进行的。

B2B 电子商务模式使得买卖双方的信息交流成本低廉且交流通畅快速，也能够提供一些新的供销机会和合作机会。目前国内 B2B 电子商务模式包括两种类型，一种是大型企业自建 B2B 电子商务网站来开展电子商务，企业通过电子商务来降低成本、提高销售量；另一种是第三方电子商务平台。

我国 B2B 盈利模式的主要方式有广告、搜索、自有产品销售、交易费、租金、信息咨询费等。国内专业化的服装类 B2B 电子商务网站有：阿里巴巴、慧聪服装网、中国服装网、富民时装网、中国服装批发网、衣联网等。

2. 企业与消费者之间的电子商务

B2C 电子商务指的是企业针对个人开展的电子商务活动的总称，B2C 模式是我国最早产生的电子商务模式，具体是指通过信息网络以及电子数据信息的方式实现企业或商家机构与消费者之间的各种商务活动、交易活动、金融活动和综合服务活动，是消费者利用互联网直接参与经济活动的形式。

服装 B2C 电子商务的经营模式包括：大型电商网站（例如天猫、京东）、网络服装品牌（例如凡客）、实体商城电商（例如银泰百货）、服装品牌电商（例如波司登）、银行类电商（例如工行融 e 购）等。

服装 B2C 电子商务模式的盈利模式包括：产品销售营业收入模式、网络广告收益模式、收费会员制收益模式、网站的间接收益模式等。

目前，服装 B2C 电子商务市场发展日趋规范化，网购与日常生活也更紧密结合；综合型平台纷纷建立更紧密的战略联盟，以应对垂直和品牌独立网站发起的挑战，跨境电商发展非常迅猛。

3. 消费者与消费者之间的电子商务

C2C 是消费者对消费者的交易模式，是指买卖双方都是个体用户而不是企业的情况，其特点类似于现实商务世界中的跳蚤市场。C2C 电子商务模式就是通过为买卖双方提供一个在线交易平台，使卖方可以主动提供商品在网络平台售卖，而买方可以自行选择商品进行购买。

C2C 电子商务的代表网站有淘宝网以及由社交平台转型的电商平台（例如美丽说、蘑菇街）等。C2C 服装电子商务的主要盈利模式有会员费、交易提成、广告费、搜索竞价排名和支付环节收费等。

4. 消费者与企业间的电子商务

C2B 即消费者到企业，是互联网经济时代新的商业模式。这一模式改变了原有的生产者（企业与机构）和消费者的关系，是一种消费者贡献价值、企业和机构消费价值的形式。C2B 模式更具革命性，它将商品的主导权和先发权由厂商转交给了消费者。C2B 模式充分利用互联网的特点，把分散的消费者及其购买需求聚合起来，形成类似于集团购买的大订单。

5. 线上与线下的电子商务

O2O 即 Online to Offline，是指线下的商务机构与互联网结合，让互联网成为线下交易的前台，通过互联网将线下的销售与线上的营销紧密地结合在一起。

O2O 电子商务模式的典型代表有保险直购 O2O、苏宁易购 O2O 和大众点评 O2O 等。其他还有一些名词和电子商务相关，比如海外代购。海外代购是由代购商或经常出入境的个人帮消费者买到商品。海外代购主要分两种，一种是私人代购，另一种则是官方代购。前者一般在电子商务网站上开个网店，为顾客提供代购服务；后者则多为专业类的购物网站。私人代购又可以分为熟人海外代购和职业私人代购。不论是私人代购还是官方代购，大多涉及网络代购。资料表明，自从淘宝网开通海外代购服务以来，每月成交量均增长 3 倍。尤其是 2008 年 12 月份以来，国外大品牌接连不断的折扣加速成交量上升，可能对国内的奢侈品实体店产生冲击。2010 年 9 月 1 日起我国调整进出境个人邮递物品管理政策，凡物品的进口税额超过 50 元，海关将予以征税。这一政策造成海外代购的成本大幅增加。

最早的代购人群为海外留学生，他们有一定的购买能力，对时尚也有一定的了解，因此成为帮亲朋好友在国外采购奢侈品的最佳买手。而他们跑腿的次数一多，委托人自然要给些"小费"表示感谢。久而久之，以商品价格的 10% 收取代购费，成了不少代购的共识。随着海外代购受到国人热捧，除了职业代购人外，因公经常出差的人、境外导游和空姐成了"私人代购"行业中的主力军。

电商渠道 1.0 营销模式与特点

电商渠道 1.0 营销模式分析

电商 1.0 是以淘宝、天猫、京东为代表的电商大平台。随着传统企业大规模进入电商行业，中国西部省份及中东部三四线城市的网购潜力得到开发，加上移动互联网的发展促使移动网购日益便捷，中国网络购物市场整体保持较快的发展速度。因享有先天的红利，经过多年的积累，几大电商平台地位根深蒂固，令人无法撼动，电商渠道形成了"两超多强"的格局。

天猫商城属于网络销售平台，这种模式的优点在于收入稳定、市场灵活，商城管理较为轻松，而缺点在于盈利可能偏低，商城的战略变动可能会导致商城内部商户抵制，纠纷较多。京东属于自主经营模式，类似于现实世界的沃尔玛、乐购、家乐福等大型超市，引进各种货源进行自主经营。这种模式的优点在于经营的产品多样，综合利润高，商城可以根据市场情况、企业战略对自己销售的产品做出整体调整，商城握有经营权，内部竞争小，对外高度统一；缺点在于内部机构庞大，市场反应较慢，竞争对手较多，产品种类扩充不灵活。

电商 1.0 中互联网的各项成本都非常低，货与销量成正比。当时流传着一句话，只要做淘宝，就是在淘宝。随着互联网继续向前发展，消费者心智愈发成熟，开始变得挑剔，想要再造一个淘宝这样的大平台，基本上没有多大的可能性。

电商渠道 1.0 特点

淘宝、天猫、京东等各大平台在电子商务内贸渠道中形成群雄逐鹿的局面。其中淘宝、天猫在电子商务渠道中长期稳坐第一把交椅，以用户群体大、交易多为特征。此外，各大电商渠道主要有以下特点：

1. 用户群体大，交易量多

凭借抢占市场先机，打破地域限制，电商 1.0 迅速向广大群体渗透，成功地吸引了年轻一代、老年用户和居住在中国低线级城市的消费者。在 2021 年，中国网络购物市场交易规模达到 13.1 万亿元，其中淘宝和天猫的销售额总和达到 8.52 万亿人民币。

2. 交易链条大大缩短

传统的线下企业由于供大于求、产品库存效率低、销售渠道不畅通等因素，延缓了行业供应链产业的发展。电商渠道 1.0 有力地改变了这一现状，有效地拓展业务渠道，缩短交易链条，摆脱时间和空间的束缚，加速信息流、资金流、商流和物流的衔接与互动。

3. 数据驱动商家运营

商家可以通过平台提供的数据，分析整理出一套规律来探寻近期的消费趋势、消费特征，以此来制定一系列相应的营销策略，从而大大减少了市场调研与决策分析的时间，使企业获得更大经济效益，实现市场良性循环、各个环节高效运作。

4. 用户属于平台

淘宝与天猫是中心化电商，都以商品为中心。时至今日，许多用户在淘宝平台购物时，关注点主要倾向于购买商品，而对于品牌和商家的认知难以形成深刻烙印。在这种模式下，商家与客户难以沟通连接，客户得不到沉淀。

5. 流量为王

天猫、淘宝将流量源头控制在手里，对购买广告的店家形成溢价权和控制力。比如淘宝直通车投放，流量意味着用户和销量，因此流量竞争愈演愈烈，商家想要提升销量需要通过购买广告，这也成为商家营销成本中一笔重要支出。

6. 同质化导致价格竞争激烈

同质化竞争激烈，低价为王，导致很多淘宝、天猫平台上的品牌商家为提升转化率、增加交易额，以打折促销的方式获取客户青睐，以低成本、快速的营销吸引客户。

时尚商品企划电商渠道 2.0·················

扫码看英文资料

电商渠道 2.0 定义

电商 2.0 时代的电商平台，是通过市场细分、制造差异化以及行业中进行进一步深化运营来精耕细作的。这种类型的模式所关注的是一些特定人群的需求。如唯品会、聚美优品、贝贝网、蘑菇街等平台实际享受到了一部分互联网早期的流量红利。其运作手法和电商 1.0 时代没有太大差异，也是靠低价的卖货思维获得盈利，通过对成本的精确控制，使规模效应得到进一步的扩大。由于时间尚早，这些平台也在电商领域占据了有利地位。

电商渠道 2.0 的种类和模式

电商渠道 2.0 的种类

目前，我国综合型电商的格局基本稳定，大量企业也开始对科技、医疗、电子等垂直电商领域进行深度挖掘，其完善的细分市场一度成为网络购物市场新的增长点。由于女性消费影响力的逐渐扩大，在电商领域已经细分出各类垂直电商，主要包括鞋服类、母婴类、生鲜类、医疗类、家居类、箱包类以及美妆类电商等，主要的代表性电商有唯品会、聚美优品、蘑菇街、贝贝网等，如表 2-2 所示。

表 2-2
垂直电商分类

类别	代表电商
鞋服	唯品会、蘑菇街、美丽说
母婴	贝贝、蜜芽、麦乐购、孩子王
生鲜	每日优鲜、天天果园、顺丰优选
医疗	问药、1号店、康爱多掌上药店
家居	网易严选、美乐乐、尚品宅配
箱包	麦包包、梦芭莎
美妆	聚美优品、乐蜂网、草莓网

电商渠道 2.0 的模式分析

1. 唯品会正品特卖

唯品会定位正品特卖，开创了"名牌折扣 + 限时抢购 + 正品保障"的创新电商模式，后深化为"精选品牌 + 深度折扣 + 限时抢购"的特卖模式，如图 2-2 所示。

图 2-2
唯品会页面

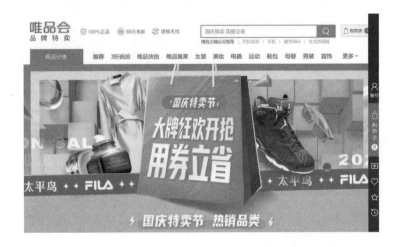

唯品会产品品类包括服装鞋包、亲子特卖、户外运动、旅游产品等，每天上午 10 点准时上新品牌产品，限制购买的时间一般在 3~5 天之内，超过这个时间便迅速挂出产品已经下架的标签，刺激了女性消费者购物，保证了较高的订单成交率。

2. 贝贝网限时闪购

贝贝网是闪购模式 + 移动购物的垂直母婴电商，从妈妈群体的需求出发，专门提供她们需要的产品与服务，如图 2-3 所示。

图 2-3
贝贝网页面

贝贝网主要以品牌正品、独家折扣、限时抢购为特色，并且一开始就撇开奶粉、尿布这类陷入价格战的标品，从童装、童鞋、玩具、用品这些非标品入手，实行 1~7 折超低折扣，10 点准时开抢，抢完即止。

3. 聚美优品美妆团购

聚美优品首创"化妆品团购"模式，盯准了女性化妆品市场，采用限时优惠或抢购的策略吸引顾客群体，以特卖打折的化妆品为主，如图 2-4 所示。

图 2-4
聚美优品页
面

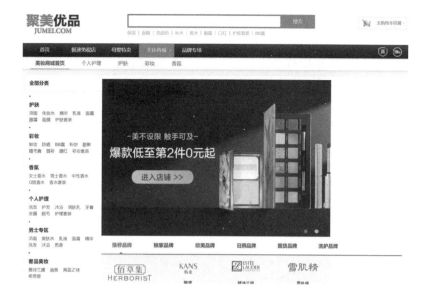

随着聚美优品的不断发展，后续引进了母婴产品、服装产品、食品、鞋包等销售板块，但其在销售过程中还是以女性化妆品为主，通过团购消费增加平台知名度和客户流量以实现自身盈利。

4. 蘑菇街社区获取流量

蘑菇街将商家招到自己的平台上，并且拥有自己的社区，流量大而且获客成本低。模式上，蘑菇街把以前分享达人的性质扩大化，签约了大量"草根"买手和买手品牌，实现了不同品牌店铺商品的搭配推荐，延续了先前平台的导购业务，同时扩展了买手制经济模式，如图 2-5 所示。

图 2-5
蘑菇街页面

2015 年初，蘑菇街推出 7.0 版 app，帮助时尚达人开店，形成个人品牌社区，同时，以中心化的平台帮助商家简单方便地获取新客户和订单，再提供去中心化的社交手段帮助他们管理和留存用户。

时尚商品企划电商渠道 3.0··················

扫码看英文资料

电商渠道 3.0 概述

电商渠道 3.0 定义

电商 3.0 时代，社交电商开始成型。由于流量成本变得昂贵，加上近年来移动网购交易规模的增长率持续急剧下降，继而在后电商时代，流量红利即将耗尽的情况下，社交电商以其爆发和裂变的方式增长。"社交 + 电商"正是利用社交关系链的稳定性、高效沟通性与传播性实现有效互动，使电子商务进入新的发展时期。

社交电商是指利用社交关系和个人影响力，让消费者产生购买行为，并通过社交拉动更多用户参与，从而裂变出更多细分流量入口。社交电商中的"社交"之于"电商"像管道之于水一般的存在，社交化电子商务是基于社交关系，利用互联网社交媒介，实现电商中的流量获取、商品推广和交易等其中的一个或多个环节，产生间接或直接交易行为的在线经营活动。真正的社交电商有三个要素：真连接、真黏性、真互动。

电商渠道 3.0 的种类

电商 3.0 新型模式按照社交对电商的主要影响分为三大类：社交内容电商模式，主要通过优质内容的生产传播来影响购买决策；社交分享电商模式，主要通过用户分享来影响推广传播；社交零售电商模式，主要通过社交场景搭建线上零售平台来影响供应销售。三种电商类型代表如表 2-3 所示：

表 2-3
社交电商分类

类别	代表电商
社交内容电商	小红书、什么值得买
社交分享电商	礼物说、拼多多
社交零售电商	云集、环球捕手

社交电商的商业模式一开始并未被广泛研究和认知。随着这些品牌越做越大，其商业模式浮出水面，涌现出大批抄袭者开始与之竞争分流。

电商渠道 3.0 营销模式与特点

电商渠道 3.0 营销模式分析

传统电商 1.0 属于需求导向型消费，以"人"找"货"的搜索式购物模式，在如今信息爆炸的互联网环境下显出疲软之态，而社交电商重构了"人"与"货"的关系，利用社交媒介的"场"为消费者带来发现式购物体验。对于商家或平台而言，社交对电商的本质价值就是获取流量、降低成本，降低品牌或商铺到消费者中间的推广成本，获得低成本的传播和低成本的渠道。目前市面上的三大类社交电商模式分析如下：

1. 社交内容电商：小红书、什么值得买

(1)模式特征：网红、KOL[6]、达人通过微博、微信等社交工具生产内容吸引用户消费，解决消费者购物前选择成本高、决策困难等痛点。

(2)模式细分：按照是否自控供应链或货源可分为：其他电商平台导流型，如什么值得买；自营型，如小红书等。如图 2-6 所示。

图 2-6
小红书笔记
页面

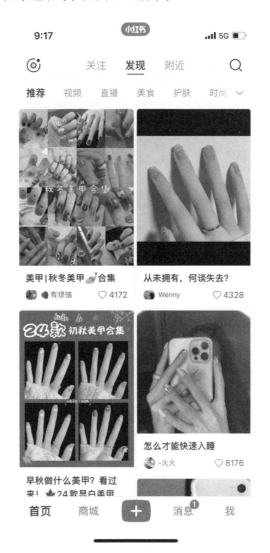

---

6 KOL（Key Opinion Leader）是营销学上的概念，指关键意见领袖，通常被定义为：拥有更多、更准确的产品信息，且为相关群体所接受或信任，并对该群体的购买行为有较大影响力的人。

2. 社交分享电商：礼物说、拼多多

(1) 模式特征：通过用户分享，在微信等社交媒介利用社交关系帮助商品传播，抓住用户猎新、炫耀等人性需求吸引消费者购买。

(2) 模式细分：通过分享促进用户社交互动，促进其消费需求，如礼物说小程序；通过利益激励、鼓励个人分享商品链接推广商品，如拼多多等。如图 2-7 所示。

图 2-7
拼多多拼团
页面

3. 社交零售电商：云集、环球捕手

(1) 模式特征：基于社交场景搭建线上零售平台。

(2) 模式细分：根据服务对象的不同可分为 B2C（直销）和 S2B2C（分销）。B2C 平台或线下实体店铺将商品直接面向 C 端消费者，商品来自自营或者第三方平台入驻，平台需要承担选品、品控、物流、仓储以及售后等服务，如京东购物小程序。S2B2C 模式下，S 平台直接面向个人店主等小 B 用户，通过小 B 间接接触 C 端消费者，小 B 主要负责流量获取和分销，商品供应链以及售后等服务由上游的大 B 端平台来承担，如云集微店等。如图 2-8、图 2-9 所示。

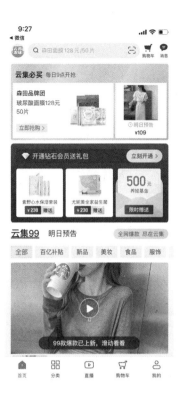

图 2-8
云集页面

图 2-9
环球捕手页面

电商渠道 3.0 特点

社交电商的本质是以人为核心，以分享经济作为有利武器，比如社交电商的典型代表拼多多。此外，不同类型的社交电商主要还有以下特点：

1. 营销成本低

用户推荐用户是成本最低的一种获客手段，而社交电商恰好就利用了这一点。一般来说，传统电商的获客成本约占 15%，而社交电商才约占 3%。

2. 转化率、复购率高

社交是基于人际关系，从传统电商的漏斗模式转变成了裂变模式。这两种优势使得社交电商得以在传统电商逐渐陷入困局的当下逆势崛起，成为 2018 年最耀眼的电商风口。

3. "流量思维"转化为"粉丝思维"

流量思维就是前端捉大流量，流量进入，通过暴利产品去转换，几乎不考虑用户是不是有二次购买、三次购买等。因此复购率往往不高甚至过低，导致产品很难实现持续性增长。而社交电商的消费者通常深受周围所在的节点性人物影响，比如接受亲戚朋友或同学同事的推荐，以社交关系为基础、信任为背景，容易形成以粉丝和用户为核心的扩展逻辑，客户易形成一定的购物思维习惯。

4. "粉丝思维"转化为"裂变思维"

过去汲取流量后，需从泛流量中挖掘出潜在用户，再把这些潜在用户转化为真正能产生消费的客户。经过一系列复杂的过程，最后的转化率却可能只有 5% 甚至 1%。而社交电商则依托于人与人的社交关系，以信任为背景，当顾客生购买行为后，自然而然地出现转介绍，客户从 1 到 10 再到 100，这就是社交式裂变模式。裂变其实就是自传播，也是复利思维的一种表现，如图 2-10 所示。

图 2-10
粉丝裂变

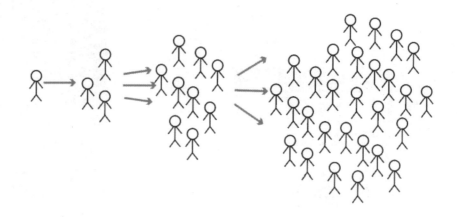

5. 用户粘性大、互动强

社交电商有明显的社交性质，借助社交性质建立买卖双方的信任感。社交电商利用人们在社交生活中更偏向于信任熟人购物评价的惯性，对用户群体进行精准定位，通过社群口碑提高用户认可和忠诚度，提高商品转化率、复购率。

6. 用户细分精确

社交电商面对用户通常细分群组，商家可以轻易接触到大量用户，对用户的兴趣、爱好、习惯等信息有所了解，进而可制定更精准的营销计划。社交电商的互动性可有效指导消费者个性化非标商品的购买，与传统电商的搜索相比，转化率远远超过传统电商，基本能达到 6%~10% 转化率，顶级 KOL 转化率甚至达到 20%。

本章提问与思考·····························

1. 什么是分销渠道?

2. 电商分销渠道与传统分销渠道的区别?

3. 电商渠道 1.0 的特点。

4. 电商渠道 2.0 的定义和种类。

5. 列举在电商渠道 2.0 时期获得成功的服装品牌案例。

6. 电商 3.0 的典型渠道。

第三章

品牌

本章是关于商品品牌的内容解读，包括品牌的"含义、命名及品牌形象设计"等方面内容。品牌既是名称也是标志，品牌具有"象征、识别、价值保障和增值"等作用，服装品牌可以按照"辐射区域、品牌属性、运营方式和起源"三方面内容进行分类。品牌名称是品牌的核心要素，也是形成品牌概念的基础，故品牌的命名需要讲究一定的原则和策略。此外，本章还介绍了品牌形象设计的范畴及其核心要素，并针对时装品牌形象设计的独特之处进行解读。

扫码看英文资料

品牌的概念……………………………………………

扫码看英文资料

品牌的概念

品牌的定义

品牌是一种名称、术语、色彩、标记、符号或图案，或者它们的相互组合，用以识别企业提供给某类消费群体的产品、服务等，并且与竞争对手的产品或者服务产生差异化。

品牌在一定范围内象征着商品的质量、档次、种类，同时也可以表示制造地、所有者等的图形、名称和商标。由此可见，品牌是企业与其他企业相区别的明确标志，具有强化商品的特定性和独特性的作用。因此，品牌不只是一个称呼代号，更是一个企业的内涵象征。

品牌一般包括两个部分：品牌名称和品牌标志。

品牌名称是指品牌中可以用语言称呼的部分。例如，可口可乐、雪佛莱、爱芳等，都是美国著名的品牌名称。品牌商标通常是图像与语句的结合，而品牌名称的功用则像人的名字一样，是由一个字或是一组文字组成的——也就是说，其本身单独是无意义的，除非是用在一段有指示性并可加以解释的文句当中。

品牌标志是指品牌中可以被认出、易于记忆但不能用言语称谓的部分——包括符号、图案以及明显的色彩或字体，又称"品标"，如图 3-1 所示。它通过一定的图案、颜色来向消费者传输某种信息，以达到识别品牌、促进销售的目的。品牌标志自身能够创造品牌认知、品牌联想和消费者的品牌偏好，进而影响品牌体现的品质与顾客的品牌忠诚度。因此，在品牌标志设计中，我们除了最基本的平面设计和创意要求外，还必须考虑营销因素和消费者的认知、情感和心理。

服装品牌是服装企业与

图 3-1
常见的品牌
标志

消费者进行沟通和信息传递的有效工具，品牌名称就意味着服装风格、理念、商品特征、背景等的一类服装产品集合体的代称。消费者通过品牌名称建立对服装品牌的初步印象，服装企业通过品牌建立品牌形象。

品牌的作用

品牌的作用主要涉及到两个对象：企业与消费者。对于企业而言，品牌意味着企业形象，也是企业与消费者联结的纽带。对于消费者而言，品牌代表了企业的声誉和服务，代表着消费者的权益。

1. 象征作用

品牌象征着一个企业，企业通过树立品牌吸引消费者，而消费者通过对品牌产品的使用，形成消费经验，存贮在记忆中，以此作为将来的消费决策依据。良好的企业品牌形象，被赋予了美好的情感价值，或代表了一定的文化，使品牌及品牌产品在消费者心中形成了美好的记忆，使该品牌企业区别于其他企业。

2. 识别作用

品牌具有独特性，有鲜明的个性特征，品牌的图案、文字等代表品牌企业的特点。这些不同的品牌特征代表着不同形式、不同质量、不同服务的产品，目的是为了让品牌更好地被消费者所识别。通过品牌，人们可以认知产品并依据品牌选择购买。消费者可根据自身需求，依据品牌特性进行识别与选择。

3. 价值保障作用

品牌的设立意味着企业从长远发展的角度看，必须在产品质量上下功夫，于是品牌，特别是知名品牌，就代表了一类产品的质量档次，代表了企业的信誉。品牌不仅是企业价值的保障，也是企业利益的保障。品牌，特别是名牌的出现，使用户形成了一定程度的忠诚度、信任度、追随度，由此使企业在与对手竞争中拥有了后盾基础。品牌还可以利用其市场扩展的能力带动企业进入新市场；带动新产品打入市场；企业可以利用品牌资本运营的能力，通过一定的形式，如特许经营、合同管理等形式进行企业的扩张。

4. 增值作用

品牌以质量取胜，品牌常附有文化和情感内涵，所以品牌给产品增加了附加值。同时，品牌有一定的信任度、追随度，企业可以为品牌产品制定相对较高的价格，从而获得较高的利润。由此可见，品牌，特别是名牌，可以给企业带来较大的收益，而品牌作为无形资产，已获得人们的认可。

品牌的内涵层次

品牌不仅仅只有名称与标志符号，它还具备着一定的内涵层次。我们一般将其划分成三个层面：核心层、中间层、外壳层，每个层次互相关联、层层递进。

(1) 核心层：作为物的存在的产品本身，即物品的价值。包括质量、性能、尺寸、价格等商品属性。

(2) 中间层：赋予产品的名称、语言、符号、象征、设计等表现要素。

(3) 外壳层：品牌形象，即意识的价值。包括消费者对品牌的印象、形象、感情、评价等整体意识，即通常所称的品牌形象部分。

在一个服装品牌的创设过程之中，基础是核心层，接着是中间层，外壳层是品牌的最终目标，三者逐层递进。核心层与中间层较为容易实现，但是形成外壳层也就是品牌形象是创设品牌的关键。外壳层的形成与否，在一定程度上反映了品牌的附加价值。

品牌结构与模式

基本构成模式

日本《服饰品牌年鉴》中对服装品牌从品牌与公司两部分进行了描述，其基本构成模式如下：

1. 品牌名称

①年销售额；②品牌类型区分；③服装品类；④目标消费群；⑤商品特征；⑥材质；⑦尺寸；⑧中心价格；⑨销售渠道

【案例】

品牌名称：Dior（迪奥）

(1) 年销售额(2018年）：440亿欧元

(2) 品牌类型区分：法国品牌

(3) 服装品类：女装、男装、首饰、香水、化妆品、童装等高档消费品

(4) 目标消费群：针对25岁到40岁的高收入人群

(5) 商品特征：强调女性特质，具备优雅的风格和卓越的品味是其商品的主要特征

(6) 材质：高档面料

(7) 尺寸：S、M

(8) 中心价格：连衣裙6 000~20 000元；T恤2 000~4 000元；大衣一般7 000~50 000元；鞋子3 000~5 000元等

(9) 销售渠道：网络销售70%，柜面销售30%

2. 公司名称

①法人代表；②年销售额；③总部地址；④分部地址；⑤注册登记号；⑥E-mail

要素描述模式

结合国内的服饰业市场情况，可以采用下述构成要素描述模式，包括：①品牌名称；②品牌类型；③注册地；④创始人、设计师；⑤商品品类；⑥材质；⑦主导产品价格带；⑧目标消费群；⑨品牌理念与商品特征；⑩营销特征；⑪联系地址。

【案例】

(1) 品牌名称：JNBY江南布衣

(2) 品牌类型：女装

(3) 注册地：中国杭州

(4) 创始人、设计师：吴健、李琳

(5) 商品品类：服饰

(6) 材质：以棉麻为主

(7) 主导产品价格带：春夏产品500元左右；秋冬产品600~2 000元左右

(8) 目标消费群：年龄层在20–35岁之间都市知识女性

(9) 品牌理念与商品特征：JNBY代表JUST NATURALLY BE YOURSELF，即"自

然，自我"的品牌理念

(10) 营销特征：有上百家经销商，五百多家终端销售卖场以及几十家国外直营店

(11) 联系地址：略

从服装品牌的构成描述中，可以认识到服装品牌应从品牌名称、目标消费群、品牌理念与商品特征、品类、价格和营销特征等方面进行商品企划。

服装品牌的分类

服装品牌的分类具备许多标准，一些行业协会或组织机构会根据知名度、市场占有率、价格档次等方面进行品牌的分类界定，本书将品牌按"辐射区域、品牌属性、运营方式和起源"三方面进行分类。

按辐射区域分类

根据品牌知名度的辐射区域划分，可以将品牌分为地区品牌、国内品牌和国际品牌。

1. 地区品牌

地区品牌是指在一个较小的区域之内生产销售的品牌，例如地区性生产销售的特色产品。这些产品一般在一定范围内生产、销售，产品辐射范围不大，主要是受产品特性、地理条件及某些文化特性影响。比如东北地区知名皮草品牌"贵夫人皮草"，因北部地区严寒的气候环境而流行，也仅在该范围内畅销与知名。

2. 国内品牌

国内品牌是指国内知名度较高，产品辐射全国，并在全国范围内推广销售的品牌。例如我国本土服装品牌淑女屋、木果果木等。

3. 国际品牌

国际品牌是指在国际市场上知名度、美誉度较高，产品辐射全球的品牌。比如意大利品牌 Prada、法国品牌 Hermès、英国品牌 Burberry 等。

按品牌属性分类

品牌的物质属性决定商品的使用功能，不同的品牌属性反映着企业规划。一般可分为产品品牌、企业品牌、服务品牌三类。

1. 产品品牌

产品品牌是以个别产品为核心，只需考虑该产品本身的发展及产品所在行业的发展趋势的品牌。产品品牌的优势在于注重核心受众和渠道成员之间的沟通，因而更容易打动消费者的内心。

2. 企业品牌

企业品牌是指以企业名称为品牌名称的品牌。企业品牌涵盖了企业的经营理念、企业文化、企业价值观念及对消费者的态度等。企业品牌的优势在于能够突破地域限制，进行跨地区的经营活动。它的优点同时也是它的缺点，一旦一个分部出现问题，整个企业也会随之受到影响。

3. 服务品牌

在高速发展下的现代社会，服务品牌的服务要素越来越区别于传统的产品品牌与

企业品牌。服务品牌侧重实质产品之外的附加产品，也就是说更注重目标消费群体的心理需求，了解消费者的心理是该类型企业的最大优势。

产品品牌、企业品牌与服务品牌这三个概念并非是绝对的划分，三者之间可以相互转化与涵盖。在品牌的属性分类之中，体现出品牌策划前期必须具备前瞻性与包容性。

按运营方式和起源分类

按服装品牌的运营方式可以将其划分为传统运营服装品牌和新媒体运营服装品牌。传统运营服装品牌分为三类：高级定制、高级成衣和成衣。高级定制以高度创意、度身定制为特点，有严格的标准；高级成衣兼具了高定服装的艺术创造性和成衣的批量生产性；成衣则是工业化大批量生产的品牌。新媒体运营服装品牌是因网络时代的发展而出现，以网络化的运营模式为主的服装品牌。

1. 高级定制

高级定制以高度创意、度身定制为特点。经法国工业部下属的法国高级时装协会审定资格，有严格的条件，如必须为设计师品牌；每款服装件数极少且基本是手工完成；参加高级时装协会每年两次的时装展示活动。目前高定品牌只有十几家，如 Dior、Chanel 等。

2. 高级成衣

高级成衣融合了高定时装的艺术创造性和成衣的批量生产性，这一层次品牌的确立带动了成衣业的发展。如 Kenzo、Donna Karen 等都属于该类品牌中的佼佼者。

高级成衣这一名称初用于二战后，本是高定时装（Haute Couture）的副业，到 20 世纪 60 年代，由于人们生活方式的转变，高级成衣业蓬勃发展起来，大有取代高定时装之势。巴黎、纽约、米兰、伦敦四大时装周，就是高级成衣的发布和进行交易的活动场所。

高级成衣与一般成衣的区别，不仅在于其批量大小、质量高低，关键还在于其设计的个性和品位，因此，国际上的高级成衣大体都是一些设计师品牌。

3. 成衣

成衣是工业化大批量生产的品牌，如 Benetton、Lacoste 等。

这种按一定规格、号型标准批量生产的成品衣服，是相对于量体裁衣式的订做和自制的衣服而出现的一个概念。成衣作为工业产品，符合批量生产的经济原则，其服装生产机械化，产品规模系列化，质量标准化，包装统一化，并附有品牌、面料成分、号型、洗涤保养说明等标识。

品牌的功能

企业自身形象

从生产企业来看，品牌成为企业竞争的重要砝码，现代企业已经进入品牌竞争层次的阶段。产品供过于求，产品的同质化越来越明显，企业只有通过品牌体现差异化，树立良好的产品形象，才能在激烈的市场竞争中站稳脚跟并谋求发展。

消费者认知

从消费者角度来看，品牌是产品的形象和价值的反映，在质量、价格和保质期等方面让人感到安全可靠；品牌便于消费者辨识和购买商品，消费者不用花费很多时间就可做出购买决定，同时使购买的商品符合自己的品位和社会地位；品牌能培养顾客的忠诚度；品牌可以辐射和延伸，引导消费；品牌能够提高企业的市场价值。

流通领域

从流通领域来看，品牌商品的特征明显：更容易为消费者所选择；责任所在为生产者；高复购率；高附加价值；容易管理。同时，品牌具有盘活有形资产的作用——无形资产一般需借助品牌资产才能更加有效地发挥作用，直接表现为品牌资产能够盘活有形资产。

品牌商品企划

新品牌的策划过程

新品牌策划过程可分为两个阶段，一是确定新品牌的商品企划方针——战略构成，二是确定具体的商品构成——价值构造。

1. 战略构成

品牌战略，就是企业旨在提高产品的竞争力而进行的、围绕品牌而展开的形象塑造活动。它包括品牌的开发战略、品牌的推广战略、品牌的维护战略、品牌的线深战略。品牌战略关系到企业未来长远发展，因此品牌战略是企业整体发展战略的重要组成部分。品牌战略的重点是通过创造鲜明的品牌特色，采取合理有效的品牌扩张战略、树立正确的经营观念以及正确的管理，营造品牌优势。品牌战略的主要措施是塑造品牌形象，也就是让企业的品牌在市场上、在社会公众中留下印象，使公众对品牌有个总体认知和评价。

2. 价值构造

价值构造，即对所企划的商品整体中主题商品、畅销商品、常销商品所占的比例进行决策。主题商品表现季节的理念主题，突出体现时尚流行趋势，常作为展示的对象。畅销商品多为上一季卖得好的商品，并融入了一定的流行时尚特征，常作为大力促销的对象。常销商品是在各季节都能稳定销售的产品。品牌的价值构造应根据品牌和目标消费群的特性设定商品的构成比例。

新品牌的创设模式

按照消费者对服装的要求，以品牌创设为核心进行新品牌服装产品策划。新服装品牌的创设模式在总体上划分为七个模块：

1. 品牌命名

品牌命名是创设新品牌的初始步骤。具有冲击力的命名对新品牌知名度的确立往往事半功倍，但品牌的形成是各方面工作长期积累的结果。对大多数既存品牌来说，对上一阶段服装产品的销售运作进行评估诊断是一项前提工作。

2. 目标市场定位

在新品牌立案的初期，须在市场细分的基础上设定目标市场。消费者的价值观和喜好时时都在变化，市场环境也是瞬息万变。因此，必须制定与品牌目标顾客相匹配的策划方针。研究消费者的着装欲求和生活方式是中心工作之一。

3. 环境分析与流行预测

在此阶段中，以准确分析品牌面临的各种环境态势为基础，工作的重点是提前对将要流行的时尚潮流进行预测。为此，应分析消费者群体的时尚喜好变化及销售的动态变化，收集必要的海内外流行趋势信息和时装发布会信息。

4. 品牌理念风格设定

在选定品牌服装的目标市场和进行环境分析与流行预测之后，品牌理念风格的设定成为关键工作。对应一个中长期阶段，要设定品牌的理念风格；对应某一季节时期，则要将品牌的理念风格衍生扩展为季节形象主题。

5. 品牌总体设计

在品牌总体设计这一过程中，新品牌需要在服装的廓形设计、色彩、材料等方面的总体取向和特征进行抉择。

6. 服装品类组成

该步的工作是策划品牌商品品类组合，即将设计构想物化为商品。材料的优劣对商品的销售产生直接影响。因此，这一模块的重点就是企划和面料选择。

7. 服装销售策略

此项内容是按照所策划品牌的理念和商品的形象，对销售渠道、促销策略、零售店中的视觉陈列和展示方面进行规划。以此为基础进行服装加盟连锁品牌策划设计的运作管理，不但可以快速有效地传播、共享服装市场及流行信息资源，而且还能促进服装生产快速反应。

品牌的命名······································

扫码看英文资料

在品牌的诸多要素中，品牌名称是品牌的核心要素，是形成品牌概念的基础。被誉为"全球定位之父"的美国当代营销大师阿尔·里斯认为："从长远观点来看，对于一个品牌来说，最重要的就是名字。"

品牌命名是创立品牌的第一步。今天，世界各国的企业在创立自己的品牌之前，都非常重视品牌命名的问题。有的企业在开发出新产品时，委托专业的命名专家来设计制定品牌名称，这些对命名有专长的人才一般是文学或语言学专家，他们能熟练地利用语言要素进行构词，能利用英语词根组成新词。国外有专门为品牌设计名称的机构，他们的主要业务就是命名。

在国外，给品牌命名已成为一个产业。据媒体报道，早在 2001 年，品牌命名在美国的业务已达 15 亿美元。随着工商业的发展，商品越来越多，给品牌命名变得更加困难，要设计制定一个新颖不重复的品牌名称已不是一件容易的事。随着其他边缘科学的发展，品牌命名已成为一门学科。与此相适应，就出现了一些专业的命名机构，于是品牌命名产业应运而生。目前全球著名的命名机构有英国的 Interbrand（国际品牌集团）和 Novamark（新标志公司），美国的 Namestormers（命名风暴公司）、Landor（兰多）、Lexicon（词霸命名公司）和 Namelab（命名实验室）。

品牌命名的原则

名称的选择包括企业名称的选择和商品名称的选择，它们有树立企业形象和品牌形象的作用，好名字是任何品牌价值的基础。然而，为品牌起一个好名字并不是一件容易的事情。品牌命名需要一定的技巧，一个好品牌是品牌获得消费者的认知、接受、满意乃至忠诚的前提，品牌名称在很大程度上影响品牌联想，并对产品的销售产生直接影响。品牌名称作为品牌的核心要素，甚至会导致一个品牌的兴衰。

正是由于企业以及产品的名称对于企业的生存与发展具有如此重大影响，人们常常会为一个精彩的名字煞费苦心地斟酌许久。品牌名称的设计看似源于灵感难以把握，但实际上仍然有一定规律可循。一般而言，为企业或商品取名时，可以遵循以下原则。

与标识类型的一致性

品牌标识是传达企业理念、提升知名度和塑造品牌形象最有效的方法，包括基本设计开发和应用设计开发。基本设计部分包含品牌名称、品牌标志、标准字、标准色彩、品牌辅助图形、品牌广告语、代言人等；应用设计部分包括事务用品、办公用品、招牌、海报、交通工具等。鉴于服装的行业特点，在品牌应用部分还包含产品外包装箱、包装袋、手提袋、封口胶、吊牌等标识设计。

品牌标识是通过颜色、形状、线条等美学手法，根据品牌风格而确立的，在基础部分开发与应用部分开发中的体现。服装品牌标识设计应反映服装品牌传播的战略思想和品牌理念，是将企业理念、文化特质等抽象语意转化成具体符号的品牌形象。品牌标识在广告、营销和公关等活动中反复出现，是直接传达品牌理念的外在体现。

品牌名称应与标识保持一致，做到内容与形式的统一。人们从品牌名称中就能解读出商品的个性特点，解读品牌文化和企业的文化。好的商品名称洋溢个性，耐人寻味，会给顾客留下美好的、深刻的印象。

如表 3-1 所示，列举中国市场上较为成功的商标名称，仅供参考：

表 3-1
部分知名商标

行业	产品	英文	中文	（英文）说明	商标所有者
服装	女装	ESPRIT	思捷	精神，生机，才气	美国 ESPRIT
服装	运动服	NIKE	耐克	希腊神话胜利女神	美国 NIKE
服装	女装	GUESS	盖尔斯	猜	法国 GUESS
服装	童装	ANTANO	蚂蚁阿诺	蚂蚁 +ANO	德国 ANTANO
服装	男装	SEPTWOLVES	七匹狼	前缀 7+ 狼	福建七匹狼
家化	洗面奶	Clean & Clear	可伶可俐	干净 + 清楚	上海强生
日用	卫生巾	Whisper	护舒宝	私语，低声说	美国 P&G
家电	空调	GREE	格力	优势，杰出，胜利	珠海格力集团

美国 P&G 宝洁公司的妇女卫生巾品牌"护舒宝"，中文名称非常贴合产品特点，而其英文"whisper"的意思是"低声地说，私下说，悄悄话"，中文和英文的发音都很优美，音调基本一致，这是一个非常优秀的成功的商品命名。能如此讲究和重视品牌名称的企业，其产品本身值得尊重信赖。美国品牌"ESPRIT"来自法文，其意义是"才气、精神、生机"，很好地体现了其寄托的品牌文化，无需大量文字阐述，所谓桃李不言，下自成蹊。来自法国的"GUESS"女装，意义是"猜"，非常形象，生动有趣。来自德国的童装品牌"ANTANO"蚂蚁阿诺，命名非常成功，蚂蚁是全世界儿童都喜爱熟识的昆虫，蚂蚁具有集体团队主义，具有啃骨头的不懈精神，这些都方便品牌的形象识别和塑造，也容易编织动人的故事。"SEPTWOVES"命名起点是一部电影——《七匹狼》，企业巧借其名，深入地进行文化挖掘，将狼的勇敢、自强、桀骜不驯等特点与其男士休闲服装联系起来，并且聘请响彻全国的流行歌曲《狼》的作者同时也是演唱者齐秦做形象演绎，相得益彰。

形成与竞争品牌的差异

品牌命名应注意形成与竞争品牌的差异，具有消费者或流通商容易辨识的鲜明标志。品牌个性是品牌传播的行为因素，决定了品牌的价值取向。品牌个性通过品牌传播进行展现，可以在消费者心中产生独特的概念和地位，并且引导消费者形成固定的思维定式和消费定式，在市场中形成对品牌的非平衡认同。品牌个性识别是品牌专有的，能持续不断地创造本品牌与竞争品牌的差异化，如图 3-2 所示。

与竞争品牌名形成差异的作用是要让人认知本品牌，而所谓的"认知"，必然是"认"在前，"知"在后。从这个角度看，提高"可辨识度"就成为了品牌命名的第一要求。对于提高品牌名称的可辨识度而言，不够简洁的名称通常难于辨识。因此在移动互联网时代，像服饰领域的杰尼亚和菲拉格慕这类品牌会面临更大的认知压力。在简洁性上，如图 3-3 所示，中文译名为圣罗兰的法国奢侈品牌 Yves Saint Laurent 就将其缩写 YSL 作为品牌名称。这种极致简洁的命名，在名目繁多的品牌中更具有辨识度。

图 3-2
品牌差异认知

可辨识度　　　　　　　　　　　　　　　可触知性

图 3-3
YSL 品牌

随着产品和品牌过剩化程度愈加显著，产品同质化已经无可避免。在同质化产品的竞争中，企业必须提升差异服务。在产品同质化时代，品牌名称贵在独特，要形成自身的风格，尤其是与竞争对手建立有效区隔，在行业中应建立差异化品牌定位，独树一帜。只有这样，才能在众多品牌中脱颖而出，给消费者以鲜明的印象和深刻的感受，以此来满足消费者追求新颖、独特的消费心理。

暗示消费者的购买

暗示策略命名法就是运用含蓄或比喻的手法，选择隐含商品效能或命名者主观意愿且具有一定具象性的词语作为品牌名称。企业为提高传播效率，将企业或产品性能或特点浓缩在产品名称中，力求这些品名能在较短的时间内传递足够丰富的信息，激起消费者心中的民族文化的积淀，从而产生丰富的语义联想并形成品牌意象。这样做的目的是实现品牌的营销功能或战略目标，指明产品类别，或暗示品牌利益，诱发顾客产生购买欲望和购买冲动；最终达到赢得消费者好感、认可进而购买其所指谓的商品的目的。

暗示性名称经常通过含蓄和暗示性的方式来操作，虽然该词与商品、商品成分或其功能没有明显的联系，但是却旨在创造出一种能与该商品发生联系的指定的思维结构。该品牌名称暗示了产品的特点、性质、成分或用途等。与无含义品牌相比，暗示性品牌名称对消费者来说更具有吸引力，同时也更便于记忆，因此更受企业经营者和销售人员的偏爱。成功的暗示性名字用的是隐喻，并非从字面上就马上让人联想起某些东西，比如红牛商标就是个暗示商标。人们看到牛，特别是急红了眼的牛，想到的便是它体内的能量将如洪荒之力一般爆发，红牛作为功能型饮料，其需要表达的含义和红牛商标的暗示作用也就达成了一致对应，如图 3-4 所示。

图 3-4
红牛的暗示
性商标

消费者的联想

联想是一种重要的心理现象和心理活动，是语义形成和划分的基本手段。英国著名语言学家利奇曾将语义分为理性意义、内涵意义、社会意义、情感意义、反映意义、搭配意义和主题意义。从某种意义上说，除理性意义外的其他意义都或多或少依赖人们的联想而形成。品牌名称是由词语构成的为了让消费者认知特定商品的语言符号，其语义是商品名称意象构成的重要成分；而意象就是其在消费者心目中的形象以及消费者对形象的态度，能令消费者产生联想，将其认同为自己所渴求的品牌。品牌名的语义内容是意象的重要组成部分。一个好的品牌名应当具有美好、积极、耐人寻味的语义内容，而且语义内容越丰富，就越诱发人们的联想，联想越丰富，就越有助于品牌意象的确立。

消费者的联想主要是指提到一个品牌时，消费者所能联想到的所有相关信息。一个品牌可以与一种事物相联系，也能同许多事物相联系。品牌联想要清晰、丰富、聚焦，在消费者心中形成刻骨铭心的记忆。正如人的名字普遍带有某种寓意一样，品牌名称也包含着与产品或企业相关的寓意，能让消费者从中得到有关企业或产品的联想，进而产生对品牌的认知或偏好。比如：

"南极人"和"北极绒"——保暖内衣，所以名称越抗寒越好；

"婷美"——"挺美"谐音，做女人当然"挺"好；

"劲霸"、"拼"和"雄"牌——主张男人的力量，名字也硬，所以这三个品牌经常赞助拳击、武术比赛；

"爱慕"、"宜而爽"——内衣讲究"爱"和"爽"；

"童王"、"兽王"（皮衣）——指望成为行业之"王"。

很明显，一个品牌的联想越多，其影响就越大，对品牌联想个性化的要求是品牌追求的最高境界。联想作为创意思维的一种方式，可以挖掘出无穷无尽的创意。品牌是和故事紧密联系在一起的，也就是说每个品牌的产生都是和某个典型事例紧密联系在一起的，这个故事就是刻写在顾客心中的烙印。

品牌命名策略

品牌命名的独特性体现了品牌命名的发展方向，是今后更常用的品牌命名形式。新颖独特的名字才能与众不同，别具一格，打动消费者，让人记忆深刻。品牌名称通常要求要有新鲜感，更要有新的概念，符合时代潮流，体现品牌的独特个性，暗示品牌的鲜明属性，满足目标消费群体的情感需求。一个独特的品牌名称还能为企业节省大笔的广告宣传费用。反之，一个反响平平的品牌名称则不仅不便于消费者记忆，还会影响品牌的亲和力，进而大大影响消费者的购买行为。可见，一个独特的品牌名称对企业的品牌成功与否起到了极为关键的作用。

品牌命名总会有新的可能性，新的命名方式层出不穷，这些都是受到永不停歇的文化侵入和意识形态萌生的影响，也与品牌数量急剧爆炸、简洁名称更加难求的现实相伴相随，然而在根本上我们还必须承认，想一个好名字终究是一种"创意"，既然是创意，就需要对它的神秘性心存敬畏。对应不同的品牌战略，品牌命名也有不同策略，一般可分为四种，如图3-5所示。

图 3-5
品牌命名策略

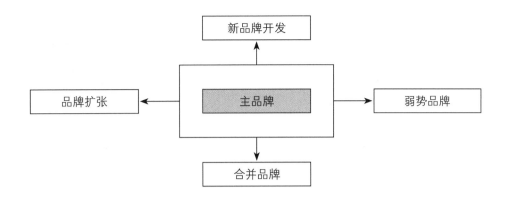

新品牌开发

产品命名的重要目的是为了赢得用户的接纳和选择，尤其对于新创办的企业和新上市的商品而言，名称的优劣往往决定了消费者对企业与产品的好恶。

针对新品牌开发，品牌命名的关键和核心仍然是个性化的问题，必须与竞争品牌形成差别，才能够在众多同类商品品牌中脱颖而出。由于消费者接触到的同类商品品牌的信息纷繁复杂，差别化的品牌名称显然是向消费者传递商品信息最便捷、最有效的途径。因此，一个好的新品牌名称不能仅立足于公众的识别和欣赏上，还要有强烈的卖点，使人们产生强烈的购买欲望和购买冲动。

产品最终要回归目标消费群中，在新产品命名的同时让消费者感觉到倍受关注、有利可图、产品能显性或隐性地让其受益是必要的。例如，化妆品的目标消费群大多是女性消费者，故而名称也比较斯文、优雅、感性、女性化，容易让人联想到女性，如潘婷、海飞丝、舒蕾、飘柔、雅芳、花王、夏士莲等；进口洗衣机品牌惠而浦的目标消费群是受过高等教育的高收入人群，其副品牌命名就比较洋气欧化，如阿波罗、维纳斯、雅典娜。

品牌扩张

品牌扩张策略具有多种优势。著名的品牌名称可使新产品迅速得到市场的承认与接受，从而有助于公司经营新的产品类别。品牌扩展可节省用于促销新品牌所需要的大量费用，并且使消费者迅速了解新产品。

在企业对市场进行了成功渗透，已有的品牌成为强势品牌时，企业可进行品牌的扩张。这种扩张均与主品牌有关，是主品牌的补充、扩展的延伸，使主品牌个性、形象更加多层次和多角度。副品牌在原则上与主品牌的个性和形象不相违背，比如海尔的大王子、小王子、双王子、帅王子、金王子、快乐王子等，这些命名其实是对海尔代言人海尔兄弟的另外一种诠释。还有小天鹅的小宰相、小小天鹅等亦是如此，有异曲同工之妙。品牌扩张促使产品名称口语化、通俗化、特征化、符号化，在某种程度上使产品更加人性化，具有较强的人文特征，产品亲和力倍增，充分体现出"广告就是应用常识将复杂的信息简单传播"的深刻精髓。

弱势品牌

沿用品牌原有名称的弱势品牌有两种扩张方法：

(1) 改变品牌标志的色彩。例如，法国公鸡将原来主品牌的红黑色标志统一为红色。法国公鸡是来自法国的运动品牌，以其高品质的服装深受大家喜爱。法国公鸡从 20 世纪 80 年代起被很多足球俱乐部选作队服。与其他追求流汗和忍耐力的运动不同，法国公鸡提出了为体现自身的生活方式及充分享受运动的快感而运动的理念。在新的命名策略中，为追求新鲜感的运动者提供了全新的品牌体验，将原有的品牌标志进行了色彩上的统一，如图 3-6 所示。

图 3-6
改变标志色
彩命名策略

　　(2) 在主品牌的名称中加入相关名词。例如加入 Sport、Kids 等，可以增强主品牌的特征。Armani Junior 是 Armani 旗下童装品牌，创建于 1980 年，主攻 0~16 岁男女童装，深得 Giorgio Armani 主线的精髓，将时尚感与舒适、自然完美融合在一起，具备真正的生态产品概念。Armani Junior 产品线包括各种男童、女童服饰，从最基本的单品衬衫、运动衫、牛仔裤和斜纹棉布裤到更时尚的单品，如夹克、连衣裙和裙子等，所有服饰均采用精心挑选的环保天然面料制成。如图 3-7 所示。

图 3-7
Armani 儿
童线品牌命
名策略

合并品牌

　　在主品牌名称的基础上加前缀或后缀词，如 Super-、New-、Hi-、Best-、Trans- 等，发展二线品牌。合并多个关联性强的品牌，利用同类品牌之间的互补性，取长补短，增强品牌的竞争力。

品牌形象设计···

扫码看英文资料

品牌形象设计的范畴

　　品牌形象设计是根据消费者的感觉以及企业自身的审美和追求而进行的基于正确品牌定义下的符号沟通，能够帮助受众储存和提取品牌印记。品牌形象设计涵盖了品牌所有的特征，具有良好的宣传、沟通和交流的作用。

　　品牌形象设计的核心为基础设计，主要包括品牌的名称及标志、标准字体设计、标准色设计，它们是该品牌区别于其他品牌的重要标志。其中，品牌标志、标准字体、标准色又被称为 VI 系统即视觉识别系统的三大核心。

基础设计

品牌名称及标志

　　品牌名称在上一节已有详细说明，此处不再重复。品牌标志的识别性在视觉识别系统中具有重要的意义。作为最核心的视觉符号，品牌标志代表品牌的身份、影响力，承载了品牌的历史和荣誉。相对于一般性的标志来说，品牌标志代表的是一个视觉系统中的根本视觉造型，符号化能更好地体现这种代表性，从而使品牌的视觉形象更稳定地显现在人们的认知当中。标志物能够帮助人认知和联想，使消费者产生积极的感受、喜爱和偏好。

　　标志也称为 logo，狭义地说，标志是用简洁的象征图形或者文字符号在短时间内正确地传达品牌信息发出指令的标识。标志设计的核心问题有两个：一个是图形的建构，另一个是图形的解读，两者是一种互为因果的关系。一方面，设计者对图形如何建构直接影响观者的解读效果；另一方面，观者在文化背景等方面的不同也影响着设计者对图形的建构。

　　品牌标志是可以刺激和吸引人感官的有形之物，它是受众与品牌间最便捷的桥梁，是品牌最短小、最快速、最常见的传播方式。标志传递的信息简洁、明了，所以它最基本的功能就是引起注意、便于识记。首先，标志可以是抽象的，也可以是具象的，但其必须具有可记忆性，在尽量短的时间内将最有效的信息传达给受众，使受众接受品牌的理念主张。其次，为了让标志能够深层次地传播、长远地为品牌发展服务，就要具有一定的通用性和可扩展性，使其适合于所有媒体形式的传播，同时降低传播成本；这时，简洁、明了的标志就会比较符合要求，如果标志设计过于复杂，容易在传播的过程中造成细节失真。最后，标志也要传递品牌的理念信息，包括品牌形象、品牌文化等。

20 世纪 20 年代成功的时装大师——法国的可可·香奈儿建立了自己产品系列的鲜明形象，为品牌命名，并设计了著名的双 C 标志，如图 3-8 所示。

图 3-8
香奈儿与
双 C 标志

标准字体设计

标准字体是指经过设计的专用以表现企业名称或品牌的字体。标准字体设计包括企业名称标准字和品牌标准字的设计。

标准字体是企业形象识别系统中基本要素之一，应用广泛，常与标志联系在一起，具有明确的说明性，可直接将企业或品牌传达给观众，与视觉、听觉同步传递信息，强化企业形象与品牌的诉求力，标准字体的设计与标志具有同等重要性。经过精心设计的标准字体与普通印刷字体的差异性在于，除了外观造型不同外，更重要的是它是根据企业或品牌的个性而设计的，对笔划的形态、粗细、字间的连接与配置、统一的造型等，都作了细致严谨的规划，与普通字体相比更美观，更具特色。

企业名称和品牌标准字体的设计，一般均采用中英两种文字，以便于同国际接轨，参与国际市场竞争。英文字体（包括汉语拼音）的设计，与中文汉字设计一样，也可分为两种基本字体，即书法体和装饰体。书法体的设计虽然很有个性、很美观，但识别性差，用于标准字体的情况并不常见，常见的是用于人名或非常简短的商品名称。装饰体的设计，应用范围非常广泛。

标准色设计

标准色指企业为塑造独特的企业形象而确定的某一特定的色彩或一组色彩系统。在品牌视觉识别系统中，标准色被运用在所有视觉传达的媒体上，通过色彩特有的知觉刺激来调动消费者的心理反应，以表达企业的经营理念和产品服务的特质。

标准色设计应尽可能单纯、明快，以最少的色彩表现最多的含义，达到精确、快速地传达品牌信息的目的。其设计应该体现如下要求：

(1) 标准色设计应体现品牌的经营理念和特性，选择适合该品牌形象的色彩，表现其生产技术性和品牌的内容实质；

(2) 标准色设计应突出品牌与竞争对手之间的差异性；

(3) 标准色设计应适合消费者心理。

设定的品牌标准色，除了需要全面展开、加强运用，以求取得视觉统合效果以外，还需要制订严格的管理制度进行管理。

品牌视觉识别中的标准色定位思想是一种具有战略眼光的设计指导方针。色彩定位始于产品，但并不仅仅是针对产品采取的行动，而且更要针对顾客潜在的心理喜好采取行动。也就是说，要将其视觉形象定位在顾客的心中，而不是仅仅改变产品本身。菲利普·科特勒认为：色彩定位是树立独特的品牌形象、设计有价值的产品的行为，以便使细分市场的顾客了解和理解品牌与竞争者之间的差异。

单色色彩集中、单纯、有力，给人以强烈的视觉印象，能够给消费者留下牢固的记忆。这是最为常见的品牌标准色形式，如可口可乐、肯德基的红色，柯达胶卷、麦当劳的黄色，美能达相机、IBM 公司的蓝色，富士胶卷的绿色等都采用了单色的设定方式。在时装界，李维斯用标准红色使品牌标志从背景中突显出来，为品牌树立了鲜明的形象，如图 3-9 所示。

图 3-9
李维斯品牌
标志

应用设计

时装品牌的 VI 系统与其他行业不同，有自己的独特之处，主要体现在应用设计部分。这一部分涵盖两个方面，即办公体系设计和广告设计。

办公体系设计

办公空间展厅既是展示产品和服务最基本的载体，也是讲述企业文化和品牌故事的绝佳途径，利用墙面造型设计与光影的结合，营造出企业历史和产品的演变，让客户身临其境，切身体会企业的文化底蕴和差异化价值。办公室设计其实可以从产品本身入手，产品即故事。

每一家企业都应该建立起自己独有的品牌 VI 体系，并将品牌 VI 融入到办公空间装修设计的细节中，通过定格化的设计元素讲述灵动的品牌性格，既能活化整体空间的氛围，也能让品牌故事潜移默化地植入到员工、客户与整个企业的基因中。

广告设计

广告的灵魂在于创意。创意是服装品牌广告设计活动中的核心内容，可以说，任何一则成功的广告都有一个充满创造性的"大创意"作为灵魂。广告创意是介于广告策划与广告表现制作之间的艺术构思活动，即根据广告主题，经过精心思考和策划，运用艺术手段，把所掌握的材料进行创造性的组合，以塑造一个意象的过程。简而言之，即广告主题意念的意象化。

广告是时装品牌最常用的一种吸引消费者的手段，服装品牌广告是商业广告诞生早期就出现的一种活跃的广告类型，随着社会进步和科技文化的发展，服装品牌广告的表现形式和传达手段不断发生变化和演进，然而，作为广告设计和品牌建设的基本原则和目标始终不会转变。服装品牌广告的设计创意是实施品牌战略的步骤，它一端受制于品牌战略的整体要求，一端维系在消费者即目标受众的反应。著名时装品牌的广告每年都会吸引媒体的关注，广告中的模特、广告的风格、广告暗示的内容等，无一例外地成为被热烈报道的时尚新闻。在时装品牌的视觉识别系统中，广告是效果最直接、刷新速度最快的部分。

时装广告是 VI 系统中极其重要的一部分，它对时装品牌的识别起着非常关键的作用，甚至比标识的作用还要大，这是时装业的特点。广告直观、形象鲜明、创意空间大、便于传播，并且不断翻新，消费者对时装品牌的渴望常常是由这些精彩的广告作品所引起的。LVMH 集团总裁贝纳·阿尔诺在接受《哈佛商业评论》杂志的访问时说："广告必须呈现品牌自身的形象"。例如迪奥的广告，即使不印上公司的名字你也能知道这是为迪奥产品做的广告，你不可能误以为这是其他产品的广告。你知道这是迪奥，因为广告模特充分展现了品牌的形象——性感而现代，女性味十足而又充满活力。

Jennifer Lawrence 因为深具个人特色的魅力成为 Dior 的代言大使，接连出镜好几季的品牌广告，她替 Dior 拍摄 2019 早春度假系列形象广告，诠释摩登又带有纯粹气质的率真女性魅力。创意总监 Maria Grazia Chiuri 设计这个系列的灵感来自墨西哥女骑士骑乘骏马，在草地上帅气奔驰的形象，模特穿着飘逸的洋装，看起来优雅与力量并存，如图 3-10 所示。

图 3-10
Jennifer
Lawrence
出镜 Dior
2019 早春
广告

案例分析

品牌名称暗示案例分析：Victoria's Secret

维密如此吸引人，也是由于它神秘的名字。在维多利亚时代，女人们的装束层层叠叠十分严密，裙下的秘密自然最能激发人们的好奇心和窥探欲。维密创办人罗伊·雷蒙德就选择从男性的视角出发，为自己的品牌命名为维多利亚的秘密。作为一个女性内衣品牌，维多利亚的秘密无疑是成功的，它引发人们无限遐想，为产品蒙上了一层神秘感和高贵感，暗示着神秘、魅力、奢侈、激情。

早期服装标志设计：查尔斯·弗莱德里克·沃斯

19世纪末20世纪初，英国的高级裁缝查尔斯·沃斯是第一位具有品牌标志意识的设计师，他在为皇后设计制作的礼服上签上了自己的名字。正是他，使服装设计师品牌开始出现萌芽。裁剪精良而美丽的服装需要一个名字来区别于其他的服装，这就是最早的时装品牌标志。从查尔斯·沃斯本人设计的礼服标签上可以看到，标志的字体是对他个人手写签名的再设计，保留了手写体的随意性，线条流畅，显得潇洒而优雅，如图3-11所示。以设计师的名字命名时装品牌也成为日后各时装大师纷纷效仿的做法，如Chanel、Dior、Yves Saint Laurent、Versace、Armani、Kenzo等，无一例外地使用了自己的名字作为品牌的名称。它们被设计成各种不同风格的标志，印在包装袋上，刻在纽扣上，竖在专卖店的门牌上，缝在大大小小的服装上，遍布全世界。

图 3-11
查尔斯·沃斯与他设计的礼服标签

Tiffany & Co 案例分析

蒂芙尼公司（Tiffany&Co）是一间于1837年开设的美国珠宝和银饰公司。1853年，查尔斯·蒂芙尼掌握了公司的控制权，将公司名称简化为"蒂芙尼公司"，也从此确立了以珠宝业为公司的经营重点。

1.珠宝细分市场

从对消费者的调查数据可以看出，珠宝首饰的使用者（消费者）85%为女性，多数女性既是购买者又是使用者，因此女性市场是整个市场的主导。从年龄上来细分，珠宝首饰购买者年龄从20~70岁不等。从购买动机分析，20~45岁女性购买的动机是为了美化、装饰，同年龄段男性购买的动机是为了身份、地位；45岁以上的购买者则多是为了对某个特殊日子和行为的纪念。

2. 市场定位

财富新贵、都市白领、时尚青年、情侣夫妻。

3. 定价策略

与同行业相比，在材质、用量等相同的情况下，消费者要为其独特的设计和品牌买单。在不同地区，产品的价格也有差距。

4. 营销渠道策略

蒂芙尼公司是一家集设计、生产、分销和零售为一体的珠宝公司，公司91%的销售额来自珠宝销售。采用一层销售渠道：企业→零售商→消费者。

公司共有233家门店分布在全球22个国家和地区。在美国还有目录销售，在英国和美国也有直邮和网络销售。

5. 促销策略

任何促销和推销手段都会伤及品牌，在奢侈品领域尤其如此。蒂芙尼没有促销。

6. 广告策略

提起蒂芙尼品牌，人们第一个想到的估计就是奥黛丽·赫本演绎的《蒂凡尼的早餐》。通过借助赫本的知名度，蒂芙尼品牌巧妙地将珠宝广告植入于明星代言当中，使每一个爱美女性都感受到了蒂芙尼品牌独有的魅力。

除了植入电影之外，蒂芙尼品牌也从未缺席过奥斯卡颁礼典礼。

本章提问与思考······························

1. 什么是品牌？
2. 品牌命名的原则有哪些？
3. 弱势品牌的战略和合并策略有什么区别？
4. 办公体系设计是如何影响品牌形象设计的？
5. logo设计的核心问题涉及哪些？

第四章
商品企划实施

本章是关于商品企划实施阶段的内容解读。商品企划实施过程主要包括了目标客群设定、环境分析与流行预测、服装品牌的理念风格设定、服装总体设计、服装品类组合构成等五个过程。目标客群设定和环境分析都是在主要消费人群和社会环境、业内环境、市场环境等宏观方向大范围内明确市场定位。根据定位进行服装品牌的理念风格设定、服装总体设计和服装品类组合构成的具体操作，在服装品牌的理念设定中明确理念风格的概念、建立感性描述，在评价体系和表达执行中感受品牌的主题设定。服装总体设计是本章的重要概念，廓形结构设计、材料企划和色彩企划是服装总体设计的主要构成内容。服装品类组合构成涵盖了服装的具体生产环节，包括服装的组合搭配原则、服装的构成、服装规格尺寸设计、价格设定以及服装的设计与生产实施。

扫码看英文资料

目标客群设定·····························

扫码看英文资料

现代社会飞速发展，消费者的分化也日益变化，新兴名词和标签反映着中国消费者的生活方式和消费形态。"北漂一族""千禧一代""宅男宅女""二胎父母""颜值控"等，呈现了生活方式的多元化。在这样的时空背景下，如何设定产品的目标消费人群是目标客群设定更深层次的挑战。

客群细分的设定概念

客群细分又称市场细分，是20世纪50年代中期由美国的温德尔·史密斯提出的。市场细分是市场营销的基本战略。市场细分与目标市场的选择过程是指在一个规定的市场或一群人中识别出不同的细分市场，评估每一个细分市场的潜力，挑选某几个细分市场作为目标市场，为目标市场制定不同的营销组合策略。

市场细分是根据共同的需求或特征将一个市场划分为若干个子市场的过程，即通过细分变量将全部消费者划分为若干个具有相似需求的子群体。企业的资源是有限的，将有限的企业资源用于满足特定群体的诉求是市场细分的目标。

对市场细分，选择一个或几个细分市场作为目标市场后，就需要对产品或者服务进行定位。定位是将营销策略中的每一个元素统一起来传递一种价值主张。价值主张是指产品或服务能够给消费者带来特殊利益的能力。

在市场细分理论中，市场细分、目标市场选择、市场定位是三个关键要素，如图4-1所示。

图4-1
市场细分理论

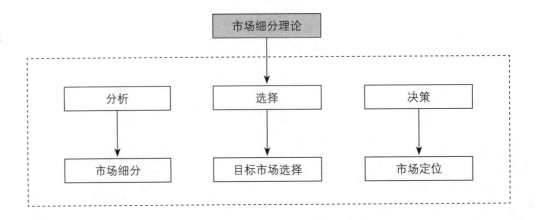

市场细分的依据

市场细分的因素主要包括人口统计学因素、地理因素、心理学因素、行为因素及其他因素，如表4-1所示，这些也是对目标消费者定位的重要依据。

表 4-1
消费者市场
细分依据

细分依据	特点	细分变量
人口统计学因素	相对稳定	年龄、性别、家庭结构、职业、受教育程度、收入、社会阶层、民族、宗教
地理因素	静态因素	国家或地区、气候、城市规模、人口密度
心理学因素	动态因素	生活方式：朴素、时髦、高雅、传统等 个性：内向与外向、独立与依赖、乐观与悲观等 购买动机：实用、从众、炫耀、保值、收藏、便利等
行为因素	复杂多变	使用时机：一般、特殊 购买频率：很长时间购买一次、阶段性购买、经常购买 品牌忠诚度：低、中、高 追求利益：质量、服务、功能、舒适、品牌声望等 进入程度：不注意、注意、知道、感兴趣、想买、打算购买等

人口统计学因素

人口统计学因素，如一个人的年龄、民族、国籍、性别、婚姻状况、家庭结构、受教育程度、职业、种族和收入都是客观的和实证的。

社会阶层被认为是个统一体，各社会阶层成员处于特定的社会地位。社会阶层可以定义为将社会成员按不同社会地位划分的等级制度，每个阶层的成员都拥有与其所属社会阶层相应的社会地位。将社会成员划分成小范围的社会阶层有利于研究者关注同一阶层内共同的价值观、态度和行为方式以及不同阶层间的不同价值观、态度和行为方式。可以通过三个变量的综合指标计算来衡量：收入、受教育程度、职业。研究表明，不同社会阶层在穿着习惯、家庭装饰、休闲生活、储蓄、消费等方面有所不同，营销者也需对各社会阶层消费者采用不同的产品和促销策略。

地理因素

地理因素指结合了地理变量与人口变量的综合变量，是根据消费者的居住区域和地理条件界定目标消费群的工具，包括国家、区域、省份、气候、人口密度、城市、交通条件、城市规模等不同内容。例如，中国100万人口的城市大多数分布在沿海地区及省会城市。

地理人口统计细分，这是一种常用的混合细分方式。这种细分方案假定：居住在临近区域的消费者倾向于有同样的理财方式、品位、偏好、生活方式和消费习惯，一个地区或一个民族的消费者共同参加的人类群体消费行为，是人们在长期的消费活动中相沿而成的一种消费风俗习惯。

心理学因素

心理学因素包括生活方式、性格、购买动机等。心理图式，也可称为生活方式，包括活动、兴趣和意见，通常是对各种各样问题的态度，并不能根据标准的定义来分类。

例如"绿色消费者"之类的名词是在特定的研究范围中定义的。类似的个性特征、社会文化价值观等抽象认知都是通过心理学的或者态度方面的工具来测量的个性特征。出于自我保护或根本没有意识到自己的性格特征等原因，人们通常很难说出自己是什么个性。但通过性格测试，研究者可以判断一个人的性格并在细分市场中使用它。

行为因素

行为因素是指消费行为的客观外在表象，比心理活动更容易观察和判断，是分析细分市场的比较容易获取的评判变量，包括购买情况、购买频率、购买时间、购买地点、时尚态度、生活场景、品牌忠诚度等。

根据消费者的不同购买行为可以对市场进行细分，细分指标包括：追求的利益、品牌偏好、使用者地位、使用频率等。

行为特征方面包括使用率和使用情境。

使用率细分：在涉及特定产品、服务及品牌时，将消费者分为重度使用者、中度使用者、轻度使用者和从不使用者。

使用情境细分：环境和情况通常会决定消费者购买什么或者消费什么。事实上，在不同的环境中，同样的消费者可能会做出不同的选择。许多产品是在特定的使用情境中推出的，比如情人节、春节等特定日期。

消费者特定认知的细分依据包括利益细分和品牌忠诚与关系。

利益细分：消费者追求的利益代表了消费者未被满足的需求，尽管通常的观点是一个品牌带来的特殊和重要的利益能够导致消费者对品牌的忠诚。

品牌忠诚与关系细分：

(1)行为——对某一品牌购买的频率与持续性；

(2)态度——消费者对品牌的承诺感。品牌忠诚的最普遍应用是购买频率奖励计划。

市场定位

通常意义上的定位包括：消费群体定位、品牌定位和产品定位。这里我们讨论的市场定位是指消费群体定位。

消费群体定位

1.消费者社会属性定位

传统的消费群体定位主要依据目标客群的地区、民族、性别、年龄、职业、收入等基本信息定位，但随着市场不断的细分和深入，消费者的喜好、性格、生活方式等其他社会属性也是市场定位需要考虑的内容。

2.消费者心理定位

人的行为总是受到一定动机的支配，消费行为也不例外。常见的消费动机有价值、规范、习惯、身份、情感等几种。根据杰克·特劳特的定位理论，有人把消费者的消费动机称为消费者心理定位。

3.消费者品牌感情定位

品牌情感定位是指品牌命名所用词汇的含义所具有的某种情感，是品牌自身所具有的情感，它是品牌核心价值的组成部分。事实上，有时消费者购买某个品牌的产品时，不仅要获得产品的某种功能，更重要的是想通过品牌表达自己的价值主张，展示自己的生活方式。

市场定位的依据

1. 产品的特点

产品特点是构成产品特色的因素，包括面料、款式、做工、价格等。如三宅一生的产品特色是其褶皱的面料，如图4-2所示。设计师根据不同的需要设计了三种褶皱面料：简便轻质型、易保养型和免烫型。

2. 服装的穿着场合

服装的穿着场合是服装适应的生活场景，包括工作、商务、休闲、运动、旅行、居家、学习等不同生活状态。

3. 消费者类型

消费者类型是一个具有多维结构的定位标准，通过目标客户的人口特征、心理特征和行为特征进行定位。

确定目标市场的步骤

第一步，从营销战略的高度，选出特定的消费群体，并从该消费群体中筛选有相同时尚意识的类型作为目标市场，拟定营销目标时，销售目标可提供指导原则，因为拟定营销目标是为了要达成销售目标。所有的营销目标都可用数字表示，而且都可以加以评估。

第二步，确定目标市场的体量，目标市场是达成销售目标所需要的来源或源流。例如要了解目标市场的大小，了解现有顾客的基础等。目标市场的资讯是不可或缺的，因为每一项营销目标都要影响目标市场的行为。

第三步，以年龄为依据分析所选消费群体各人生阶段的不同需求，确定不同年龄阶段的人生所需，以便做到准确营销。

第四步，通过实地调查，分析处于某一年龄段、具有某种时尚敏感度的消费群体的生活方式，可以了解营销目标的内容以及每一项问题点与机会点和目标市场行为的关系。

第五步，概括并具体描述目标消费者的生活方式。通过分析目标消费者的生活方式来分析消费者的购物需求及能力，从而做到精准营销。

女装市场的细分化基本策略

目前，女装市场一般比较实用的细分标准包括：

按照年龄细分

女装市场可按消费者的年龄划分为不同的细分市场。不同年龄阶段的消费者有不同的生理条件、经济状况、兴趣爱好，对服装的需求差别很大。可根据女装市场的年龄结构、各年龄段占总人口的比例以及不同年龄消费者的需求特点制订相应的市场营销策略。

年龄包含两层含义：一是指实际生理年龄；二是指与此相对的心理（态）年龄。处于不同生理年龄层次的女性，体型上差别较大，是形成不同服装号型规格的依据。值得注意的是，人们的心理年龄与生理年龄常常出现不符的情况。

此外，不同年龄阶段的女性经历的社会时期不同，形成的生活观和价值观不同，这将直接影响她们的服装审美和对价值的判断与选择。

按照人生阶段细分

女性的一生，包括出生、入幼儿园、入学、就业、结婚、生子、退休等人生阶段，如表4-2所示。处于不同人生阶段的女性具有不同的生理特征，她们承担的社会责任不同，具有的社会身份不同，价值观念也有差异。即使同一位女性，随着人生阶段的更替，她在生活上的需求以及对服装款式、色彩、图案的偏好也会发生变化。

表4-2
女性不同人
生阶段的生
理特征

女性人生阶段	女性不同人生阶段的生理特征
新生儿期	出生四周内的婴儿为新生儿，出生后，性激素浓度骤减，可引起少量阴道出血，这些都是生理现象，多很快消失
幼儿期	从新生儿期至12岁左右称幼儿期。10岁左右，卵巢中开始有少数卵泡发育，但大都达不到成熟程度。11～12岁时，第二性征开始出现
青春期	一般在13～18岁之间。此期全身及生殖器官迅速发育，性功能日趋成熟，第二性征明显，开始有月经
性成熟期	一般自18岁左右趋于成熟，历时约30年。此时为卵巢生殖功能与内分泌功能最旺盛时期
更年期	是妇女由成熟期进入老年期的一个过渡时期，一般发生于45～55岁间。分绝经前、绝经、绝经后期。卵巢功能由活跃转入衰退状态，排卵变得不规律，直到不再排卵
老年期	一般指妇女60岁以后，机体所有内分泌功能普遍低落，卵巢功能进一步衰退的衰老阶段

设定品牌的目标市场时，应充分考虑目标顾客所处的人生阶段，使所企划的服装商品既得体（吻合消费者的社会身份）又合体（适合消费者的体型）。

从人生阶段的角度考虑，市场细分必须注意市场的间断性和连续性。间断性是指专门生产针对女性某一人生阶段的商品，品牌固定针对某一个年龄层的女性顾客，不管目标顾客随后的年龄增长；连续性是指产品随着消费者人生阶段的变更而不断发展变化，随着顾客的年龄增长，推出的品牌商品也随之变化。实际上，企业既可以开发出一些新产品来吸引新近成长起来的一代，也可以通过保持服装品牌的风格、推出针对不同年龄层的相互关联的系列品牌的形式来维持商品对原有顾客的吸引力。

按照生活场景细分

生活场景指的是人们生活所处的环境。出于礼节、从众等方面的考虑，为了使自身与周围环境相和谐，人们通常会在不同的场景下穿着不同类型的服装。如今，人们对生活场景的细分越来越具体。表4-3是对女性生活的场景细分，按照一年四季的时间周期，描述了对应于女性不同生活方式的穿着特征以及与之对应的服装品类。

表 4-3
女性生活场景细分

生活方式		穿着特征	服装品类	主要材料		主要色彩、色调	
				春夏	秋冬	春夏	秋冬
都市生活	上学、上班等	活泼有趣、亲切而轻松	都市装、具有都市情调	针织物、化纤织物	精纺毛织物、针织物	柔和色调	优雅色调、流行色
半正规社交活动	同学会、生日聚会等	平易近人且有独特个性	体现都市优雅风貌的服装	棉质、蕾丝等	仿丝绸、涂层织物	优雅色调、流行色	优雅色调、流行色
休闲活动	看体育比赛、兜风等	闲暇时穿着	旅游服、体育休闲服等	针织物、泡泡纱等	针织物、起毛织物等	淡色、色调明快	色调鲜明强烈
运动	打网球、滑雪等	不同的运动项目具有相应的运动服	网球服、滑雪服等	针织物、牛仔服	针织物、弹性织物	明亮鲜艳	明亮鲜艳
健身活动	做健美操、打太极等	适合健身运动的新式运动服	训练服、T恤等	弹性织物、双罗纹针织物	弹性织物、丝绒等	自然色、强烈、鲜艳	鲜艳色调
居家生活	睡觉、看电视	活泼、活动方便	家居服	牛仔布、泡泡纱	针织物、法兰绒	柔和自然色	明快自然色

由生活场景来进行服装市场的细分可能激发新产品的开发。例如(1)为从家里到附近商店进行采购活动而设计的居家休闲服；(2)将职业服和休闲服相结合后产生的商务休闲服；(3)将运动和健身相结合的健康服。运用这种方法，除了考虑商品的用途，还可从人们对实现自我、尝试新生活方式的欲望出发来寻找新的市场空间。

按照价格细分

价格是常用的细分标准，大致可分为高档、中档、低档。日本、美国分类更细：国际著名品牌、高档品、中档品、大众品、廉价打折品。

按照季节细分

由于中国的版图幅员辽阔，各地气候差异大，四季变化明显，因此应重视季节性。近年来，暖冬和凉夏的异常气候以及室内空调的广泛应用，使得服装与季节的关联性逐步减弱。

季节细分还和经济大环境相关。当经济不景气时，换季打折销售期就会提前到来。由此造成了旺季销售的衰减，增加了品牌商品企划的难度。

按照品类细分

按品类细分的方法一直被沿用。如 T 恤这个大类可考虑细分为长袖翻领 T 恤、长袖圆领 T 恤、中袖翻领 T 恤、中袖圆领 T 恤、短袖翻领 T 恤、短袖圆领 T 恤、短袖特别领 T 恤等，其他大类亦按此思路展开细分。在后续的产品研发环节中，服装设计师需要对不同大类、小类产品的主要共性特点有较准的掌握才能更好地开展进一步设计。

环境分析与流行预测··································

扫码看英文资料

环境分析的范畴

环境分析和流行预测的核心是获取与分析整理信息。信息在服装企业的商品企划中发挥着重要的作用，为市场营销决策提供了依据。环境分析活动的工作流程包括：分析信息资料、产生某种预测、提出新的设想或提案。服装商品企划中环境分析包括三方面：

宏观环境

宏观环境包括社会经济变化、市场动向、产业动向以及消费经济变化等，是影响服装市场和服装商务贸易的大环境。

行业环境

行业环境包括流行信息、竞争企业信息、消费者调查等，是影响服装商品企划和销售的企业外部市场环境。

企业环境

企业环境包括 MD（Merchandising）实绩、营业实绩、顾客动向等，是影响品牌企划和销售的企业内部各项实绩。

如图 4−3 所示，纵向流动的信息就是某一方面的环境状况。在整理相关信息的过程中，目标市场的特征将起导向作用，纵向流动的信息通过"品牌理念"的"过滤"作用，影响品牌商品企划的各个阶段。

图 4-3
商品企划中
的环境

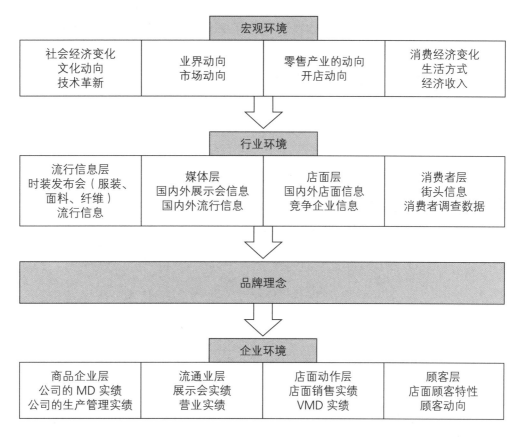

环境分析的层次

针对宏观环境、行业环境和企业环境，可从四个层面入手进行环境分析。

商品企划层面

商品企划的任务是提出一整套解决方案，用以保证顺利实现企业的经营目标。它把企业实际运作中的各个环节串联起来，形成一系列互相关联的具体任务。例如产品风格、款式的设计、打板、选材、工艺设计、生产管理和质量控制等。在整个过程中，力争使各个环节和各项任务都能够达到最佳结果，并且使它们服务于同一个最终目标。

流通业层面

流通业层面包括服装商品投放和营销网络规划。商品投放的层面既要考虑商品的组合、投放，又要考虑对投放过程的管理。为了体现管理职能，需要设计一个完善的投放管理系统，并明确系统的基本任务，以确保入库、提货、分类、配送、补货、退货等环节的顺利进行。营销网络的规划是企业实现产品价值的必然途径。它是指产品所有权在转移过程中经过的各个环节连接起来所形成的通道，它弥补了产品、服务及其使用者之间的缺口。

店面运作层面

店面运作层面主要考虑店铺配货、店铺形象、促销等问题的分析。店铺配货要考虑商品设计、款式状况、商品性质、功能、店铺面积及位置，还要考虑商品线的完整性与市场实际需求。店铺形象包括产品形象、包装装潢、展示陈列、广告创意等，通过店铺的视觉形象和价值内涵在消费者心里形成特有的品牌形象。促销方案要根据商品的企划方案、投放时间、配置方案和市场销售情况来决定。

顾客层面

企业必须详细掌握服装品牌应该选择哪些消费者作为目标市场，这些目标消费者喜欢什么样的产品、购买行为有什么特征等问题。具体要从六个方面对消费者进行分析：社会文化特征、个人特征、生活方式、购买意识、价格认可和购买行为。

环境分析的要素

环境分析的要素主要包括社会因素、政治因素、经济因素、科技因素、文化因素。

社会因素

服装是社会的镜子，是政治、经济、文化、科技等整个社会组成部分的缩影和体现。

政治因素

自从西方国家进入工业社会开始，经济的发展规模和速度得到了前所未有的提高，服装开始变得简洁、方便和优雅。其中，女装的现代化彻底消灭了服饰上的阶级和性别差异。一战及战后的经济复苏带来的社会变革，使女性不仅走出了闺房，而且与男性一样成为政治、经济地位独立的社会成员。女性地位的不断提高，使得女性拥有自己的审美趣味和独特思想，女性服装的流行变化速度逐渐加快。

经济因素

服装显示了一个国家的经济发展水平。当世界经济趋向于低碳经济方向转型时，低碳时尚也悄然开始盛行。20 世纪 90 年代的消费狂潮，创记录的债务引发了经济危机，导致消费者们开始节俭，欧美经济一直处于不景气状态，能源危机进一步增强了人们的环境意识，"重新认识自我""保护人类的生存环境""资源的回收和再利用"成为人们的共识，这使人们开始反省 80 年代的大量浪费，反对流行、反对浪费资源、反对过量消费、回归自然等 70 年代初"石油危机"时代的消费意识重新出现，70 年代样式因此开始席卷而来。

科技因素

随着高度信息化及网络时代的到来，科技变革为时尚产业带来了翻天覆地的变化，包括新材料、新工艺、新设备、数字设计方法及现代管理技术等，都和时尚产业的发展趋势密切相关。

文化因素

不同的地域有不同的文化，文化的差异使得各地的服装大有不同。东方偏向于统一、和谐、偏重抒情性和内在情感的表述，西方则重视客观化的本性美感。

环境分析的内容

宏观因素

1. 社会环境信息

服装企业只有置身于社会的大环境中才能找到市场营销和商品企划决策的立足点，因此，必须努力收集国内外的社会状况、经济态势及市场特性等方面的信息，如政府的法规政策、物价的涨跌、储蓄利率等，这类信息主要来自书籍、报刊等。

2. 文化动向信息

从"服饰文化"这一常用词汇就可以看出，服装本身就是文化的一个组成部分。了解各种文化信息，有助于服装企业明确自身的定位。文化动向方面的信息来自音乐、电影、电视及文学作品等。如图4-4，电视剧《延禧攻略》中的中国传统色。

3. 技术革新信息

随着高度信息化时代的到来，技术革新层出不穷，技术革新方面的信息具有新颖性和应用性等特点。

4. 零售行业的整体状况

零售行业紧跟社会发展，形式不断变化，超市、便利店、无人售货机都在切换模式，从线下模式变成线上模式，产业零售环境不断变化。

图4-4
电视剧《延禧攻略》中的中国传统色

业界内部要素

涉及服装业界内部要素的信息往往信息量最大、最复杂，也最为重要。

1. 服装业的市场状况

(1) 服装生产商、零售商的状况分析：这类信息可以由企业自身开展调查获得，但更多的是来自国际、国内行业协会等机构的统计数据和调查报告以及一些专业期刊的信息。

(2) 竞争企业的品牌经营状况分析：在分析了解竞争企业的经营状况的同时，衡量自身的经营风险，并在可承受风险的前提下寻找最佳市场机会。在日趋成熟化的市场中，许多企业都以对竞争企业的品牌经营状况的分析作为开展商品企划的参照体系，竞争企业的品牌经营状况方面的信息就显得更为重要。

2. 目标消费者特征分析

这类信息多以文字形式表现，主要内容包括：

(1) 文化特征、社会特征：文化阶层、社会阶层、所属群体、家族地位等。

(2) 个人特征：年龄、性别、职业、收入、学历、居住地、个性、信仰等。

(3) 生活方式：生活场景、嗜好、穿着特性（品类、款式、色彩、材料等）。

(4) 购买意识：决定购买的要因（品牌的名称、生产商、商店的服务及环境、时尚性、款型、色彩、材料、尺寸、性能、缝制品质等）。

(5) 价格认可：与消费者的收入、购买意识等相关。

(6) 购买行为：购买的时期、场所、方法、动机。

(7) 穿用机会。

(8) 购买时的随行者。

在上述消费者特征中，核心是消费者个性化的生活方式和审美情趣。只有准确把握这个核心，才能发掘消费者的需求。消费者的需求是商品企划的出发点。

3. 服装流行因素的信息

服装的环境信息及流行信息主要来源于时装发布会、流行色发布会、新材料展示会、时尚杂志等，涉及国外和国内两方面。其中，国内信息是指国内生产商、品牌公司发布的专业预测信息以及行业协会发布的预测资料（如流行色发布）等。此外，还包括在全国各大城市服饰文化节上发布的较为稳定的预测信息。国外信息可以从国外一些专门的信息机构以及国外时装中心城市的展示会和时装发布会中获取，尤其是每年春夏、秋冬在巴黎、米兰、伦敦及纽约举行的发布会。如图4-5，巴黎时装周2018年秋冬秀场。

图 4-5
巴黎时装周
2018 年秋
冬秀场

目前获取时尚信息中有关色彩信息的渠道已经相对稳定。国际上有国际流行色协会，国内也有国内的流行色协会。

企业内部环境要素

(1) 分析企业以往的商品企划实绩，从中吸取经验和教训，为当前的商品企划工作提供参考资料。

(2) 分析企业的生产实绩，以便赋予企划工作可操作性。

(3) 分析店铺营销实绩，有助于准确把握款型、色彩、材料、价格等方面的消费动向。

(4) 分析卖场顾客特征，以便进一步明确目标市场，或者调整所设定的目标市场范围。来自于卖场的信息都有一个共同的特点，即以数值形式表现，能够直观地显示企业的动态发展过程。

环境分析不是一个单向的流程。在一个系统、完善的信息体系中，包含了多次交叉、融合和反馈的过程。信息分析是商品企划的前提工作，但它并不是孤立存在的，而是贯穿在整个服装商品企划过程中，对企划决策起参考作用，同时又不断循环反馈以修正已有的企划决策。

流行预测

服装的流行是指特定时间特定群体的普遍风格，是一种动态的群体性质的过程。流行趋势预测是指在特定的时间，根据过去的经验，对市场、社会经济以及整体环境因素做出专业评估，以推测可能出现的流行趋势活动。

流行趋势预测的内容主要包括：色彩预测、面料预测、款式预测与综合预测等。一般流行趋势预测的周期为从色彩趋势、染色织物预测、面料设计到零售预测共计经历两年的周期。色彩预测通常提前两年，事实上更早的时候各国流行色的预测机构就开始收集资料、准备色彩提案，以便在国际流行色会议上提交提案并加以讨论。

纤维与织物的预测至少提前 12 个月。成衣生产商的预测则提前 6~12 个月。零售商的预测通常提早 3~6 个月。

通常意义上来说，国际上的时尚流行信息来源主要是以巴黎、纽约、米兰为代表的国际时尚中心和流行与面料信息发布机构，例如 WGSN、Pantone 公司等权威流行预测机构。这些公司或者机构发布的资讯内容包括：流行信息的研究与报道，流行时尚的内幕，最新流行的时装与时尚的穿戴方式，过去流行的总结，未来流行趋势预测，各大品牌、设计师、社会名流的最新动态和商家的运营与发展状况以及时装界的各种大小事件等。

现代科技的高速发展，使流行传播的速度变得更加直接和快速。电视、期刊、报纸、网络、手机等提供的资讯，几乎囊括了服饰流行行业中各个层面的相关信息和知识。

传统媒体在与新兴媒体的抗衡中经历了断崖式负增长之后，仍在流行信息传播中占有一席之地。书籍、时尚期刊、时尚杂志、报纸、影视媒体作为流行趋势的主要载体，依旧承担着重要的角色。

互联网被称为继报纸、广播、电视三大传统媒体之后的"第四媒体"。基于互联网的网络媒体集三大传统媒体的诸多优势为一体，是跨媒体的数字化媒体。

专业资讯网站应用日渐广泛，主攻方向包括发布最新的流行资讯、时装周信息图片、流行趋势分析以及各种最新动态新闻。特别是手机终端形成的移动资讯，包括手机 APP 和社交媒体形成的流行资讯的传播渠道优势非常明显。例如手机 APP-RUNWAY，在手机上就可以获得最新的成衣、时装、度假系列和来自世界各地，包括纽约、伦敦、米兰、巴黎的男装女装集合的完整报道，如图 4-6 所示。

图 4-6
手机 APP-
Runway

社交媒体已经成为众多品牌、明星名媛、时尚达人们传达流行信息的主要媒介。在中国，随着社交媒体的广泛应用，相关时尚微信公众号也开始蓬勃发展，如图 4-7 所示，是中国一知名资讯网站蝶讯网公众号的部分流行资讯内容。

关于流行预测的方法及运作原理可以参考流行预测的相关书籍，这里不再赘述。

图 4-7
蝶讯网公众
号流行资讯
内容

信息的收集

信息的种类

1. 按照加工方式分类

(1) 一手数据：第一手资料是指直接经过自己现场观察、记录、搜集、整理的资料，也称为实际调查数据，包括调查者现场依靠感官、记录和整理对社会及消费者形成的的认识；利用问卷、拍照等形式收集和分析的客观信息。一手数据具有实证性、生动性和可读性的优点，特点是证据直接和准确性、科学性强。

(2) 二手数据：典型的第二手资料如文献综述、教科书、非独家新闻、传记等，一般由学者创作并由学术出版机构出版。二手数据包括公司内部的销售数据、产品性能质量报告等企业内部记录数据和政府、专业机构和研究单位等经过加工处理的企业外部的数据资料。企业外部数据资料包括社会整体环境分析报告、竞争公司的产品分析报告、行业内的先进技术等。与服装流行密切相关的信息可以通过分析国内外时尚杂志、专业信息网站、国内外流行预测机构出版的流行情报、发布会和期刊杂志得到。

2. 按照信息属性分类

按照信息本身的性质，可以分为定性信息和定量信息。在服装商品企划形成过程中，理念定位到廓形定位、色彩企划、材料企划可以根据感性信息进行规划，但企业最终的产品开发、品种规划、产量计划等决策需要以定量数据为基础进行理性分析。

市场调查

市场调查是收集影响企业规划所需要的信息，并进行分析、整理和归纳，最终服务于商品企划的一种体系性的企业活动。对于服装企业来说，市场调查分为企业相关经营状况调查、供应商调查、市场渠道调查、消费者调查、零售店铺调查等类型。例如对于零售店铺的调查，可以调查的内容包括店铺位置、店铺面积、品牌商品形象、商品数量、价格带、中心价格、目标客户以及店铺构成等方面。

服装品牌的理念风格设定··················

扫码看英文资料

理念风格的范畴

当代消费者日益注重服装的整体穿搭效果，不仅追求外穿服装的协调性与搭配，而且重视营造整体形象的配件，如发型、配饰、内衣等在服饰整体搭配中的协调性。服装企业在商品企划中必须以最终评价者——消费者的时尚形象为出发点，对他们的装扮形象加以总结和体现，设定合适的品牌风格理念。

商品企划理念是服装企业面向哪类对象、对应何种生活场合、提供何种内容（包括功能和性能）的产品以及企业如何运作的标准规范。理念的设定决定了面料、款式、色彩设定的原则，同时也决定了商品的最终形式，并成为视觉企划、促销企划运行时的重要指南。以品牌理念为切入口进行产品设计，是服装企业设计开发成功率较高的服装产品的有效途径。服装企业通过明确商品和企业的特点形成服装品牌的风格理念，从而完善企业形象、明确企业长远目标，然后企业生产效率也能随之得到提高，企业内部人员的配置也会趋于合理。

目前国内服装品牌从业者对品牌理念缺乏重视，导致在服饰的市场展现方面发挥得并不理想，归纳下来主要有以下四点：

(1) 品牌风格不鲜明：国内市场上服装品牌的数量虽多，但能给消费者留下深刻印象的很少，产品的同质化现象突出。

(2) 品牌风格杂糅：部分服装品牌采取"拼盘"形式，不讲求风格统一，任意堆叠新潮款式。

(3) 盲目跟随市场：部分服装品牌习惯盲目跟随市场流行，缺少自身对品牌风格的定位。

(4) 概念混用：部分企业将经营理念等同于品牌理念，不能准确界定服装品牌的理念风格。

理念风格形象的感性描述

理念、风格、形象是人类针对视觉、触觉形成的感性形象产生的一种大脑反应及印象，这种理念风格的表达通常会用语言、图片的方式来说明。在服装发展的几千年

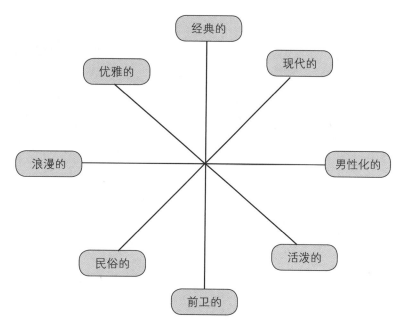

图 4-8
服装风格形象类型图

历史中，人们逐步形成了一些约定俗成或者相对稳定的形象类型，例如前卫的、经典的等。为了方便认知，在此使用坐标定位进行风格形象的分类表达，如图 4-8 所示。

图中将服装风格分为八大类，分别是经典的、前卫的、优雅的、活泼的、浪漫的、男性化的、民俗的、现代的，每种风格下还可以细分且此表达方式并非服装形象分类的固定形式。

前卫风格

前卫风格是将波普艺术、幻觉艺术、未来派等前卫艺术以及街头艺术等作为灵感来源得到的一种奇异的服装风格，如图 4-9 所示。在前卫风格下又可细分为朋克、贫乏主义、高科技等小类。

1. 朋克

朋克风格是 20 世纪 70 年代后半期，在伦敦产生的一种以反叛旧体制时尚运动为灵感来源的服饰风格，此类服装个性极强、追求独特，以链条、黑色皮革、方钉、金属环等元素为主要特征。

2. 贫乏主义

这是一种粗野、颓废的乞丐式装扮的服装风格，通常以采用破损、破裂的服装材料进行服装造型为特征，如图 4-10 所示。

3. 高科技

此类服装多采用有高科技技术含量的新面料制造而成，在质地、色彩、光泽等方面都给人耳目一新之感，如图 4-11 所示。

民族、民俗风格

这类服装的设计灵感来源于民族服装，设计中融合民族文化、习俗等内涵，充分体现出民族特色和民俗文化。面料、图案、花纹是民族风格体现的关键要素，此外款式在民族风格的呈现中也十分重要。农妇风格、俄罗斯乡村风格、田园风格以及美国西部风格都是民俗风格的典型代表；民族风格则包括热带风情、东方风情等，是对亚洲、非洲、中东、南太平洋、南美等基督教文化圈以外的民族服装风格的总称。

图 4-9
前卫风格

图 4-10
贫乏主义

图 4-11
高科技

1. 乡村的、自然的

设计风格朴素而大方，服装的设计以自然的色彩、天然材质面料、取材于大自然的图案纹样为要素，给人以随和、怡静、舒适的自然气息。颜色上以本白、木质、花草以及大地色等自然色为特征，给人以淳朴、原始、自然、不加修饰的乡村田野感觉，让生活在快节奏和高压力下的都市人重新找到自然、轻松之感。

2. 西部的

西部风格灵感来源于美国西部开拓时代的牛仔男孩的服饰风格，经典的代表服饰有牛仔衬衫和牛仔裤及同时期的牛仔男孩帽、皮带、流苏、靴子等，如图 4-12 所示。

3. 热带的

一种带有热带风情的服装风格，服装元素多取材于热带自然环境，例如面料图案提取自热带地域的鸟、花、椰子树等热带生活场景，配件用天然材料贝壳等制成，色彩以强烈的三原色为主，如图 4-13 所示。

4. 东方风情

东方风情以亚洲南太平洋地区的民族风情为设计源泉，带有浓郁的东方特征，所运用的设计元素多来源于中国、日本、印度等东亚、南亚的文化、习俗、传统，充分展现出华贵、委婉、含蓄的东方特色，如图 4-14 所示。

浪漫风格

浪漫风格营造出梦幻而甜美的形象效果，既有如少女般的甜美、可爱形象，也有大胆、性感的成熟女性形象，但都追求纤细、华丽、透明、摇曳生姿的着装效果。服装配色多采用淡雅的中间色调，柔和而精致；服装细节设计通常采用碎褶、蕾丝作为装饰，如图 4-15 所示。

1. 阴柔的

贴体的款式设计，女性特征的图案纹样，通常采用悬垂性好、柔软的面料；有时也用极薄的丝、绢类面料或蕾丝饰边式的衣裙，在隐约与朦胧间体现女性身姿，在千娇百媚中尽显女性风情，如图 4-16 所示。

图 4-12
西部的

图 4-13
热带的

图 4-14
东方风情

2. 少女的、可爱的

以缎带装饰、裙子抽细褶、衣饰上绉边等为惯用手法，面料多以碎花或烂花面料为主，配以蕾丝、饰花，如图 4-17 所示。

图 4-15
浪漫的

图 4-16
阴柔的

图 4-17
少女的

优雅风格

以体现成熟女性的洗练、端庄为主旨，采用上等面料、披挂式款型来表现女性优美的线条；利用面料的柔性、悬垂性自然地塑造出女性高雅、优美、文雅的特质。颜色多采用柔和的灰色调，配色常以同色系的色彩以及过渡色为主，采用对比配色，如图 4-18 所示。

经典风格

经典风格是受流行影响较少的经典服装风格，甚至可以说是传统且保守的。羊毛开衫、男式女西服套装等都是较具代表性的产品；其用色一般为藏青或深海军蓝、酒红色、深绿色等沉稳、大方的经典色彩；面料以单色无图案或传统的条格类居多，如图 4-19 所示。通常一些比较传统的风格也属于经典风格。

现代风格

现代风格是具有都市干练感和现代感的一类服装风格。以干练的知性形象为主，但又不失高雅品位、优雅气质，具有女性特有的柔美线条并融入了女性的智慧与性感。采用无彩色或冷色系的色彩，廓形为直线条。由于受到现代艺术的影响，常使用蒙德里安绘画风格的图案，如图 4-20 所示。

图 4-18
优雅风格

图 4-19
经典风格

图 4-20
现代风格

1. 立体主义

以毕加索的绘画为灵感来源而得到的一类服饰风格。以几何图案为主要设计元素，同时造型也具有立体感、建筑感。

2. 简约主义

又称为最低限主义。追求简洁、大方，设计中最大限度地将服装中多余的成分去掉。

男性化风格

男性化风格是一种将男性服装的部分要素融入女性服装的设计中的服饰风格，通过主张男性化倾向，反衬出女性的另一番魅力。在廓形上以直线条为主，面料上多采用独具英国绅士风格的厚重面料，色彩大多运用沉稳、安逸的深蓝或不同深度的灰色系，在设计细节上常采用缉明线、贴袋等手法，体现出干练、严谨、高雅的品位，如图 4-21 所示。

1. 绅士装

来源于英国时髦绅士的着装打扮，具有英国绅士格调的服装风格，以黑色条纹的西服套装为代表款式。

2. 中性服装

这种风格主要是受到 20 世纪 70 年代后半期在美国掀起的要求男女平等、女性走上社会参加工作的文化运动影响，在 20 世纪 80 年代前期诞生的一种时尚风格。

3. 男孩装

此类服装大多较为宽松，款式上以 T 恤、短裤等为主，是体现少年的、顽皮的、率真的一类服装风格。

活波风格

此类服装呈现出轻松、动感、舒适、青春的着装风格。这类服装多选用功能性较好的材质面料，对比度较高的色彩搭配，偏爱用条形或块状的简单图案表现出强烈的动感，如图 4-22 所示。

1. 体闲的

以运动装、工作装、制服等为理念来源，休闲娱乐场合为主要设计背景的一类具有闲适、活泼感的服装风格。

2. 运动的

以网球、高尔夫球、足球等特定的运动用服装为设计对象，逐渐形成一种健康、活泼的形象的服饰风格。运动风服饰多采用针织物、棉织物等面料，尤其重视使用功能性材料；色彩以明亮色、白色为基调，配以色彩鲜艳的条格，大胆抢眼的配色是其主要特征。

3. 工作装

以功能性和实用性为特征的休闲类服装，主要适应生产、劳动的服饰风格。常采用牛仔布、斜纹布等材料，蓝色、绿色等无性别形象倾向的颜色。服装细部结构特征上多有大胆的明缝线迹、贴袋、拉链等坚固而又有功能性的部件。

图 4-21
男性化风格

图 4-22
活泼风格

品牌理念的细分评价体系

品牌理念风格中使用频率较高、涵盖范围广、针对性强的风格类型可以归纳为八种：经典的、前卫的、优雅的、活泼的、浪漫的、男性化的、民俗的、现代的。我们将风格迥异的两类划作一组，得到四组分类，再将这四组用四对坐标轴建立一个评价描述体系，如图4–23所示。每一根轴分为五个阶度值，以此进行打分，从而形成品牌、服装或流行时尚形象的定位标准。

图 4–23
品牌理念细
分评价体系

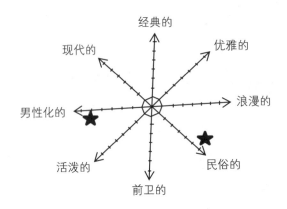

品牌理念细分评价体系不仅可以辅助企业对品牌做出定性、定量分析，还能协助企业找准市场和风格定位，具体表现在如下三个方面：

(1) 细分评价现有品牌目标市场，帮助企业了解目标市场的品牌风格，进而明确定位品牌理念。例如，就某一地区女性服装市场的品牌进行细分评价，发现较多的品牌集中于经典的、现代的、优雅的这三种风格，在面对市场同类化竞争较大的情况下，企业可以选择偏向男性化或民族风格等路线，打造出自己独有的个性化品牌。

(2) 为新品牌确立适宜的市场定位，寻找目标消费群。将品牌理念类型与品牌市场定位一一对应，如图4–24所示，从中可以发现经典风格的品牌应将消费群体对准追求时髦、简洁和洗练的知性都市女性；浪漫风格的品牌则应将消费群体定位为追求梦幻的可爱女性。

图 4–24
品牌市场定
位

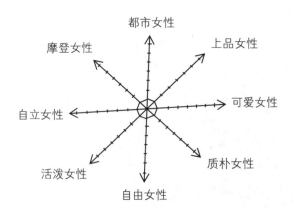

(3) 确定某一服装的主要风格倾向。服装各要素带有各自的风格特征，服装的整体风格会受到这些要素的共同影响，可以借助阶度值对各理念风格进行打分，从而确定服装的主要风格倾向。例如，某连衣裙采用大量的碎褶手法，主面料选用中上等蕾丝面料，配以缎带装饰，其主要的风格则倾向于浪漫，如图4–25所示。

图 4-25
服装风格倾
向评价

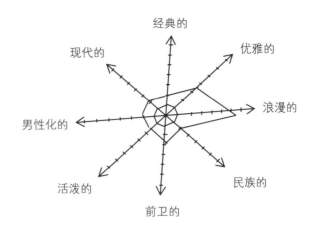

理念定位表达的执行

确定商品企划中的理念

企划理念是推进商品企划整体向前的动力，理念风格是产品在消费者心中形成的总体概念印象，通常将其归结为产品理念、形象理念、情感理念三大概念走向。产品理念就是指品牌传达作为物的价值，其载体是产品，需要从产品设计的质量定位、功能定位等方面来体现产品理念，同时产品理念设定必定要符合品牌的目标市场定位。至于产品的形象理念，则是指服装设计传达中象征性符号这类形象要素，理念形象需要表达出消费者的审美需求、形象特征和生活方式等。形象理念主要来源于目标消费群对自身生活方式的描绘，然后将其进行艺术化概括的提升。企业通过塑造鲜明的品牌形象，来演绎目标消费者的生活方式和生活追求，以此吸引目标消费群。情感理念是企业与顾客连结的纽带，是顾客在购买和使用过程中产生的某种感觉和体验。情感这种特殊的情绪形式为消费者拥有和使用品牌赋予了更深层的意味，建立了消费者与品牌密切互动的关系。

世界著名品牌的理念一般都涵盖了产品、形象、情感三个方面：包含某种情感价值，宣扬目标客户群的情感诉求，营造美好的个人愿景，传达群体的价值观，塑造一种新的生活方式。如 NIKE 的品牌广告词"JUST DO IT"，美特斯邦威的品牌广告词"不走寻常路，每个人都有自己的舞台"，都是品牌理念的体现，是针对其消费者的情感描述。这些理念超越了服装本身和品牌形象的影响，表达了目标消费群的内心愿望，传达了品牌对消费者的价值承诺。

确定产品设计形象和理念

产品的形象和理念是以产品为载体的产品形象和设计思想，是设计产品的关键。产品形象是冷峻的还是亲切的，是男性化的还是女性化的，都是产品设计时需要考虑的因素。具体确定设计形象的方法有两种：一是不受市场上某些时尚潮流的左右，由企业或企划人员确定，这种方法有利于开拓潜在市场；二是紧随时尚，通过环境分析和流行预测来确定企业要体现的形象。

根据目标消费者的生活方式和活动场合进行调整

消费者是产品消费的最终环节，因此服装理念定位要以目标消费者为导向，先确定目标消费者的生活场合，然后进行分类，确保产品的特性，在产品销售上切合目标消费者的实际生活与着装习惯。

用文字和图片将品牌理念表现为图表形式

用图表形式来表现理念要注意两点：一是掌握本品牌所处的环境，包括社会状况、市场情况、目标消费者的生活方式及活动场合、品牌在市场中所处的地位；二是掌握与产品性能相关的理念，包括产品组合、种类、形象、风格、廓形、色彩、面料、组合搭配效果等，如图4-26所示。

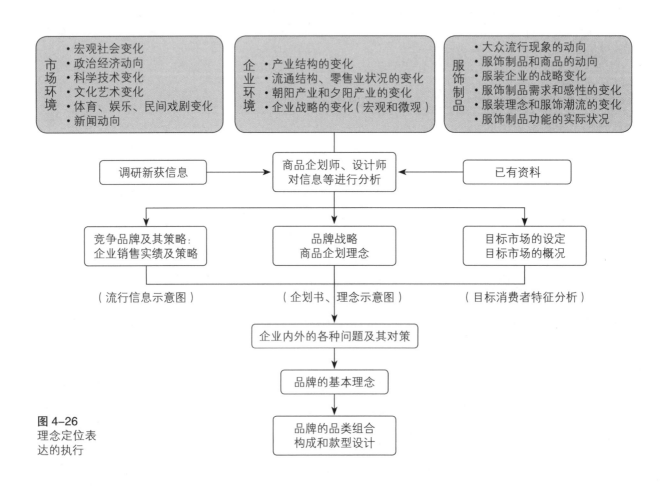

图4-26
理念定位表
达的执行

品牌季节理念主题的设定

品牌商品季节理念主题是为了明确在某一具体季节，为品牌目标消费者所推出的穿着风格。根据确定的主题在商品化过程中进行具体的搭配组合，界定品牌商品的主题风格，突出产品设计的焦点，以确保具体商品达到统一、不凌乱，商品销售才能稳步进行。

理念主题的设定是商品构成的前提，因此在设定商品季节理念时，首先要选择能够表现商品理念的风格主题，再确定色彩策略、策划材料和款式等实施原则，若先考虑服装具体构成等其他方面，就会使商品构成的范畴受到限制。

在季节划分方面可分为春夏和秋冬两个主题季节，也可细分为春、初夏、盛夏等子季节。季节理念主题对主题商品、畅销商品、常销商品三类商品的影响不尽相同。通常情况下，从两个角度设定理念主题，即时尚流行角度和场合流行角度。主题商品类的理念主题多基于场合流行角度，并关注时尚流行预测，而畅销商品或常销商品类的理念主题的设定更重视生活新场合预测。企业对常销商品的企划应该根据生活新场合进行分析，明确产品的使用场合，再据此提出相应的理念。如果企业在商品企划中无视目标消费者生活的实际变化，仅将上一年销售业绩较好的商品稍加改善就直接推向市场，或忽视对现状的分析与调查而直接沿用上一年的成功商品企划，会造成设定的理念与实际不相适应，进而导致商品差别化特征不明显，也会加剧商品生产者间的恶性竞争。

服装总体设计·······································

扫码看英文资料

服装总体设计概念

确定服装品牌的总体设计原则是商品企划的中心工作之一，而生产是保证商品企划的内容得以及时、准确实施的有效手段，是将设计从构想转化为成品的过程。

服装设计属于工业产品设计中的一类，服装品牌商品的设计过程与以艺术创作为目的的服装艺术设计不同。随着品牌的风格、针对的目标消费者、产品生产批量大小的不同，服装设计的过程也不尽相同。因此，在进行服装总体设计时，应该着重考虑以下几个方面：

(1) W（Why）——服装总体设计为什么？

(2) W（Who）——服装总体设计为了谁？

(3) W（When）——服装在何时穿着？

(4) W（Where）——服装总体设计涉及哪些地点与场合？

(5) W（What）——服装总体设计需考虑什么内容？

(6) H（How）——如何运作？

(7) C（Cost）——服装成本有多少？

(8) C（Communication）——服装的交流功能如何？

此外，在将服装总体设计由理念发展成实际产品的过程中，首先需要：

轮廓设计

服装的外轮廓就如同整体着装的骨架，它决定着装的整体形象。根据外轮廓的不同，反映给人的形象也会天差地别。

面料设计

在进行服装结构设计时，要考虑面料的质感特征。质地厚的面料和质地薄的面料所能表现的结构是不同的，质地越厚重的面料，省道的处理越少，服装的合体性也较弱一些，质地薄的面料则更容易设计出合体的效果。

色彩设计

服装色彩跟随着款式与结构的变化而变化，在色彩丰富的服装中，款式和结构的设计要相对简单一些，以免造成视觉的混乱；但在色彩单一的服装中，运用变化的款式和结构，能为平淡无奇的服装增加魅力。

细部设计

在服装设计中，细部的设计是多种多样的，其目的在于点缀和活跃服装款式、增加美感和设计感，但过多的装饰也可能导致过犹不及，使服装的整体视觉效果凌乱。因此对于细部的设计，应贯彻适度原则，点到为止。

其次，还要根据着装者的体型确定尺寸，打出样板，再经过裁剪、缝制、熨烫加工等工序，最终制作出造型优美、结构合理的服装产品。

廓形与细部结构设计

服装廓形

服装廓形，是衣身经各种结构处理后形成的主体外部形态，同时也是一种单一的色彩形态。人眼在没有看清款式细节之前最先感受到的是外轮廓，也就是服装的整体外形轮廓。廓形概念起源于法国路易十五时代，在服装发展史上，廓形以其独特魅力，呈现于时尚舞台。优美的服装廓形，不但造就服装的风格和品位，引人注目，而且能显露着装者的个性，还能展示人体美、弥补人体缺陷和不足，增加着装者的自信心。廓形的特点和变化起着传递信息、指导潮流的作用，廓形演变最为突出的服装类型为流行款式。

服装廓形变化有几个关键部位：肩、腰、臀以及服装的底摆。服装廓形的变化也主要是对这几个部位的强调或掩盖，因其强调或掩盖的程度不同，形成了各种不同的廓形。决定廓形的因素主要有以下几点：(1) 腰围线和臀围线上下移动的位置。(2) 肩线、腰线的宽与窄及立体感的强弱。(3) 分割线与省道的形状和方向。

廓形的分类

衣身廓形的分类方式有很多，如果按照服装整体外观造型分类，女性的服装轮廓造型总体可以分为以下三种基本类型：H 型——腰围是决定廓形的关键，A 型——具有上小下大的造型，X 型——以收腰为主要特征。如图 4-27、图 4-28 所示。

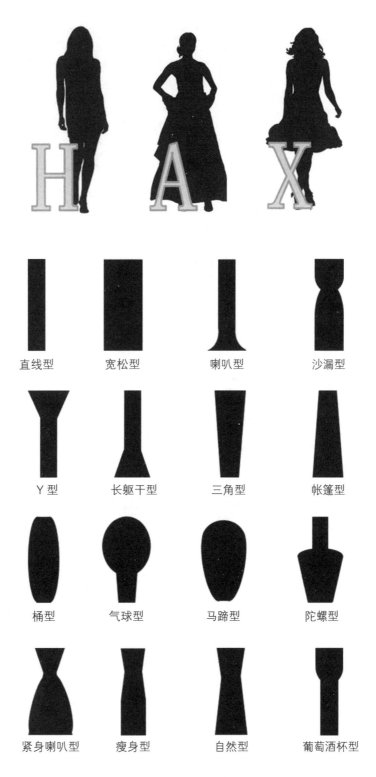

图 4-27
三种基本廓形

图 4-28
其他形态廓形

直线型	宽松型	喇叭型	沙漏型
Y 型	长躯干型	三角型	帐篷型
桶型	气球型	马蹄型	陀螺型
紧身喇叭型	瘦身型	自然型	葡萄酒杯型

以下为三种基本型的详细分述：

1. H 型

H 型也称矩形、箱形或布袋形，是一种平直廓形。它的造型特点是平肩、不收紧腰部、直筒形下摆，它弱化了肩、腰、臀之间的宽度差异，外轮廓类似矩形，因形似大写字母 H 而得名，具有挺括简洁之感。此类服装由于放松了腰围，能掩饰腰部的臃肿感。H 型服装具有修长、简约、宽松、舒适的特点，如图 4-29 所示。

图 4-29
Tory Burch 2018 春夏系列时装秀

2. A 型

A 型也称为钟形、膨体形，具有上小下大的造型，主要强调下摆的夸张。通常服装的肩胸部位较为合体，下摆逐渐打开，整体呈现金字塔式的造型。上衣和大衣以不收腰、宽下摆，或收腰、宽下摆为基本特征，裙子和裤子均以紧腰阔摆为特征。A 型具有活泼、可爱、造型生动、流动感强、富于活力的造型特点，是服装中常用的造型样式之一，如图 4-30 所示。

图 4-30
Marc Jacobs 2018 春夏纽约时装周

3. X 型

X 型的造型顺应女性的人体曲线，肩部稍宽、腰部收紧、臀部自然外张。这类造型方式通过夸张肩部、衣裙下摆而收紧腰部，使服装整体外形上下部分宽大、夸张，中间窄小，形似英文字母 X。X 型与女性身体的优美曲线相吻合，使服装具有柔和、优美、女人味浓的造型特点，可充分展现和强调女性魅力，如图 4-31 所示。

图 4-31
Fendi 2020 春夏系列米兰时装周

　　服装产品的廓形，一方面可以根据客户群来设定其造型，另一方面也可根据品牌服装系列的不同穿着场合来设定。

细部结构

　　细部结构是指为了充分完善和塑造服装廓形而在局部给予充实、协调、呼应的一些造型特征，包括服装的袖长、衣长、领型、袖型、门襟、口袋、省道、分割线、褶裥等。服装的细部结构通常会跟随季节和时尚的交替而千变万化，它的变化体现了设计师的设计能力，也展现着穿着者的性格特点。对于塑造服装廓形和风格发挥作用的细部结构主要有三类，分别是领口线、领型和袖型。如图 4-32 所示。

图 4-32
领口线、领型和袖型

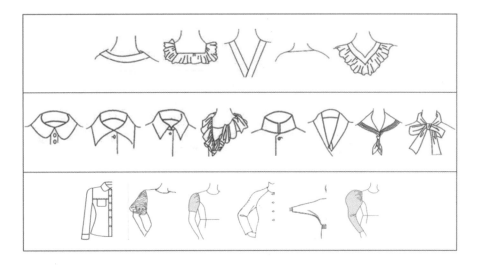

1. 领口线

　　领口线也称为领窝线，是围绕着颈部经过胸、肩、背形成的封闭曲线，用于塑造领型。领口线样式丰富多样，可以任意变化组合，并与褶、结、襟、带等工艺结合，进而形成各种风格的领型变化。常见的领口线造型包括：圆领口、方领口、V 字领口、一字领口和鸡心领口等，如图4-33所示。在女装造型中，也可以直接将领口开深到胸围线处，这种领口线常见于礼服的设计中。

(1) 圆领口。领圈呈圆形，根据情况领圈可开大开小，圆弧可呈圆形或呈椭圆等形状。

(2) 方领口。领圈呈方形。根据爱好可开成长方形或横向方形。

(3) V字领口。领圈呈英文字母V字形状。根据款式的需要，V字的开口可大可小。

(4) 一字领口。前后衣片在肩部缝合至领圈部位，前后领圈成一字形状，即呈水平线形状。

(5) 鸡心领口。又叫桃形领，领圈呈鸡心形状，即下部尖、上部呈圆弧状。

图4-33
领口线种类

(1) 圆领口　　　　　　　　　　　(2) 方领口

(3) V字领口　　　　　　　　　　(4) 一字领口

(5) 鸡心领口

2. 领型

领子是服装款式设计中的关键部分：在形式上，有着衬托脸型和突出款式特点的作用；在功能上，有防止风沙、灰尘进入服装内部，从而起到卫生、清洁的作用。领子在冬季可以抵御寒冷，在夏季则有透气、散热的功能。在进行服装设计时，领子的设计应针对穿着者的要求及服装款式的色彩、面料等具体情况来考虑。利用领子的大小、高低、长短、宽窄和各种领型、领角、领边的变化，形成不同的衣领式样。另外，领子的推陈出新也常常需要在其细微处进行设计变化，比如领子的层叠、花边、明线装饰以及不同色彩、面料的拼接组合等。如图4-34所示。以下为一些常见的领型设计：

(1) 圆领。领角呈半圆形的领型，也叫圆角领。

(2) 尖领。领角呈尖角形的领型，也叫尖角领。

(3) 方领。指领角呈方形的领型。如领面较窄，则称之为小方领。

(4) 荷叶边领。指领片呈荷叶边形，波浪形展开的领型。

(5) 立领。指领子向上竖起紧贴颈部的领型。

(6) 青果领。是西装领的一种，领面形似青果形状的领型。

(7) 海军领。指海军士兵军服的领型，其领子为一片翻领，前领为尖形，领片在后身呈方形，前身呈披巾形的领型。

(8) 扎结领。也叫一字领，领片是一长条形，在前颈点可以扎成花结的领型。

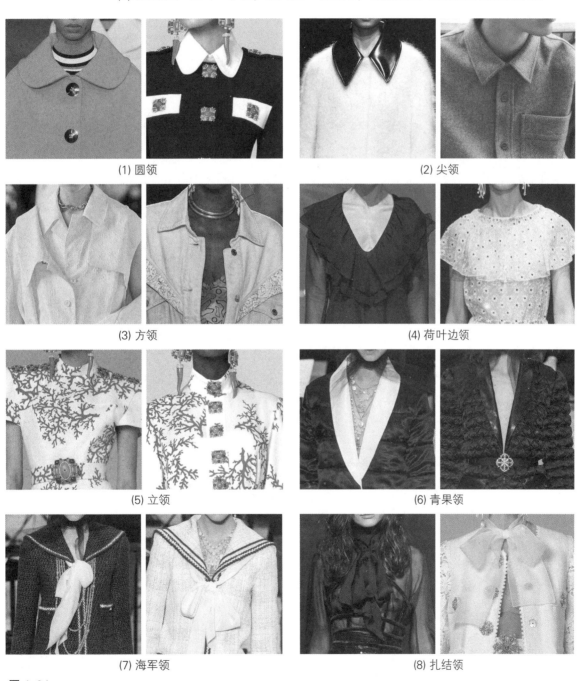

图 4-34
领型种类

3. 袖型

袖子是服装结构中覆盖人体手臂的部分，涉及式样和功能两方面内容。它的设计重点主要是袖窿的大小、袖山的高低、袖子的宽窄变化及袖口的松紧变化。衣袖的造型变化也是服装款式变化的重要标志之一。袖子作为整体服装的局部，其式样显然要受流行趋势、人自身的客观条件和主观意识的影响而寻求变换。其中，衣袖的简单与复杂、宽大与窄小、长与短的设计形式，都是在对审美性与实用性的密切关联中把握形成的。在袖子的袖山、袖窿、袖口等部位进行设计或添加制造细节变化，能设计出丰富多样的袖子款式。又根据装袖的位置、形状、尺寸及袖长的变化，可以分为很多种袖型。如图 4-35 所示。

(1) 合体一片袖　　　　　　　　　　(2) 宽松一片袖

(3) 灯笼袖　　　　　　　　　　　　(4) 泡泡袖

(5) 插肩袖　　　　　　　　　　　　(6) 蝙蝠袖

(7) 羊腿袖

图 4-35
袖型种类

(1) 合体一片袖。由一块布料制作而成，再将手臂肘下的剩余面料作为省道缝合即可形成贴合手臂形态的合体一片袖。

(2) 宽松一片袖。由一块布料制作而成，袖片不贴合人体手臂形态的袖型。

(3) 灯笼袖。指肩部泡起，袖口收缩，整体袖管呈灯笼形鼓起的袖子。

(4) 泡泡袖。指在袖山处抽碎褶而蓬起呈泡泡状的袖型。

(5) 插肩袖。又称连肩袖，是肩与袖连为一体的袖型。

(6) 蝙蝠袖。指在肩袖连接处，袖窿深至腰节附近，整体造型如蝙蝠翅膀张开状的袖子。

(7) 羊腿袖。顾名思义就是指袖部如羊腿一般，上端蓬开，而近手腕处一长段收紧的袖型。

廓形与细部结构的组合形式无限，但是要考虑服装本身特点的制约，所选用的组合形式应符合人体的静态造型与动态活动特点，且在工艺上能够实现，组合形式需适应相应的材料和服装类型。

款式设计有一套固定设计流程，从服装基本品类、上装基本款、下装基本款的确定，再到廓形、结构分割线、腰线设计、袖型设计、领部设计以及其他细节（口袋、袖口、滚边等）的明确，是从整体到局部层层推进的设计过程。而工业化成衣的系列设计又有其独特的设计要求：一方面，它要符合服装的 TPO 原则，由此选定不同的面料、款式和色彩；另一方面，要符合工业化生产的工艺技术要求；最后，服装的加工工序必须有利于生产的高效与管理。

材料企划

材料企划的主要内容

材料是服装的三大要素之一，材料的选择直接影响服装产品的风格及视觉表达。材料企划是指按照服装品牌、系列或者产品大类，结合产品造型，选取可以互相搭配的服装品种材料面料小样，呈现系列的实际表现。在材料企划中除了用实物面料小样及相关图片，也同时需要用文字对面料和服装品种的匹配进行描述说明。

不同的服装品牌在服装面料的企划和选择方面并不相同。例如大众化品牌采用市场上大量供应的面料，材料无明显的特征。高感度品牌往往直接与面料商联合，垄断使用或共同开发所需的新颖材料。

在进行材料企划的过程中，材料如何选择可以遵循一定的原则，包括：(1) 适合性；(2) 功能性；(3) 经济性；(4) 造型要素；(5) 缝制加工要素；(6) 物流要素。

材料分类

1. 客观角度的材料分类

客观角度的服装材料分类可以根据纤维的属性、纱线结构、织物组织、化学物理性能等客观特性进行分类。例如根据纤维构成，可以分为天然纤维和化学纤维，自然界存在的天然纤维主要有棉花、麻类、蚕丝和动物毛，如图 4–36 所示。其中棉花和麻类的分子成份主要是纤维素，而蚕丝和毛类的分子成份主要是蛋白质。化学纤维是用天然高分子化合物或人工合成的高分子化合物为原料，经过制备纺丝原液、纺丝和后处理等工序制得的具有纺织性能的纤维。

图 4–36
棉花、麻类、蚕丝、动物毛

从织物组织结构分类，服装材料可以分为机织物、针织物、无纺布等几大类面料，如图 4–37 所示。

图 4–37
机织物、针织物、无纺布

从图案来进行面料分类，从生产工艺上可以分为色织条格、印花及织造图案等类型。如图 4–38 所示。

图 4–38
色织条格、印花、织造图案

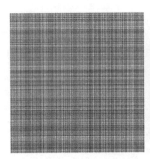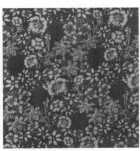

按照图案的细化种类，图案可以分为：条纹、格子、印花以及其他。

(1) 条纹：块条、点条、阴影条、双线条、三线条、渐变条、人字纹

(2) 格子：色织格、棋格、犬牙格、错格、块格、地板格

(3) 印花：点纹、花卉图案、具象、抽象、几何图案、民族图案

①点纹：小圆点、中圆点、大圆点

②花卉图案：小花、中花、大花

③具象：动物、交通工具、建筑、太阳、月亮、星星、文字、日用品

④抽象：现代绘画、波普艺术风格、迪考艺术风格

⑤几何图案：圆形、三角形、波纹形、菱形

⑥民族图案：各民族的艺术图案

(4) 其他（织造图案）：小提花图案、大提花图案

2. 主观角度的材料分类

主观角度的材料分类是指材料对人的感性刺激形成的分类概念。主观角度材料分类的难点在于选择具体的标准来定义不同材料的不同风格。世界上普遍采用的是 SD 法，即感觉量化法。SD 法是语义学的解析方法，最先应用于语言学研究中，后来逐渐被用来评价事物对人所产生的感觉刺激，运用语义学中"言语"为尺度进行心理实验，通过对各种既定尺度的分析，定量地描述研究对象的概念和构造。具体方法是将一组反义词，如明—暗、厚—薄分别放在坐标轴的两端，然后再在其间区分不同的级别，如图 4-39、图 4-40、图 4-41 所示。

图 4-39
SD 法

	非常 +3	很 +2	一般 +1	中性 0	一般 -1	很 -2	非常 -3	
重								轻
厚								薄
硬								软
暖								凉
挺								缩
明亮								暗淡
光泽								粗犷
干爽								滑糯
平整								皱褶

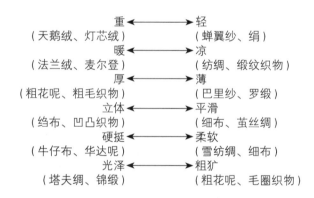

图 4-40
SD 法分析的实例

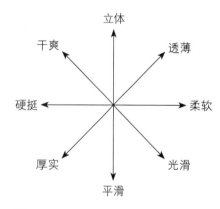

图 4-41
材料风格的评价坐标体系

SD 法在服装材料中评价结果的分析和检验：

(1) SD 折线图

SD 折线图能直观地反映试样的风格差异，并且以试样在各人员评价中获得的数值进行定量评价。

(2) 评价内容的相关系数

根据评价人员对评价内容的评定值，可以算出各评价内容间的相关系数，形成一相关系数集，并通过因子分析判断各评价在总体风格内容中占有的权重。

(3) 一致性检验

以 SD 法对各试样评价结果的综合得分排出试样风格的顺位，然后采用和顺位法相似的方法计算出评价的一致性系数并进行检验。

(4) 试样风格的相似性分析

根据 SD 法的评价结果，采用聚类分析的方法可对评价织物总体风格或个体风格的相似程度进行分析和判断。

服装风格与材料企划

服装材料是塑造高感度品牌风格的重要载体，不同的材料能使相同款式和相同色彩的服装体现出不同的风格。

(1) 阴柔的：选用巴里纱、细平布、蕾丝、乔其纱等面料，如图 4-42 所示。

图 4-42
Vera Wang 2020 采用巴里纱、乔其纱等阴柔面料

(2) 男性化的：选用华达呢、哔叽等质感坚实的面料和花呢等中厚型或厚型织物，如图 4-43 所示。

图 4-43
花呢、哔叽等男性化面料

(3) 优雅的：选用缎纹织物、塔夫绸、乔其纱等富有光泽的薄型面料以及厚型材料中的天鹅绒、驼丝锦等高级织物。如图 4-44 所示。

图 4-44
Lanvin 2019 采用乔其纱等织物表现出服装的优雅之态

(4) 运动的：选用牛仔布、绉条织物等吸湿性好的棉织物以及有一定伸缩性的弹性织物为多。如图 4-45 所示，当下运动风流行的背景下，运动品牌继续挑战和瓦解关于性别、美、种族和文化的传统理念。

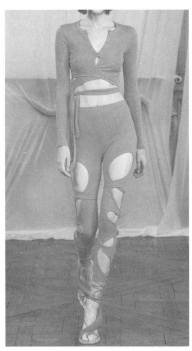
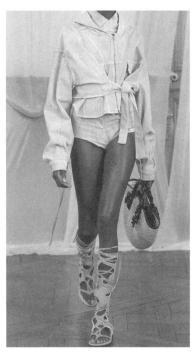

图 4-45
运动风格

(5) 现代的：主要选用缎纹织物、斜纹布、华达呢、金属网以及一些针织物，如图 4-46 所示。

图 4-46
Sally LaPointe 与 Gucci Spring 2019 采用金属感及斜纹布等打造服装的现代感

(6) 经典的：多采用麦尔登、法兰绒、花呢等材料，如图 4-47 所示。

图 4-47
Chanel 2017 秋冬经典花呢

(7) 前卫的：使用较多的是缎纹织物、金银缎、金属织物以及皮革等材料，如图4-48
所示。

图 4-48
Vivienne Westwood 2020 秋冬时装

(8) 异域风情：常用传统的棉（以及麻、毛）织物中的蓝布、紫红色的花缎、碎花
织物、印花布、手工刺绣布等面料，如图4-49所示。

图 4-49
Hakaan 2015 春夏手工刺绣展现异域风情

服装品类与材料

1. 冬季外套

多采用 100% 的棉或毛织物，以厚型面料为主，有羊毛、涤纶以及棉和羽绒作为填充物，如图 4-50 所示。

图 4-50
厚型面料冬季外套

2. 套装

春夏季套装一般用棉、麻、毛织物，或与涤纶混纺的织物；秋冬季用 100% 的毛织物或腈纶、锦纶混纺织物，如图 4-51 所示。

图 4-51
Fendi 2022 秋冬套装

3. 礼服

多用蚕丝、合成纤维等长丝纤维织物，如天丝、锦缎、真丝、氨纶、素缎、雪纺以及一些混纺织物等，以中薄、中厚型面料为主，如图4-52所示。

图4-52
Dany Mizrachi 和 Lela Rose 蚕丝及合成纤维制成的礼服

4. 连衣裙

夏季连衣裙以棉、棉涤混纺织物为主，主要采用的面料有真丝、轻薄印花织物以及蕾丝、网纱；冬季以毛织物居多，如图4-53所示。

图4-53
采用棉、涤棉混纺以及毛织制成的连衣裙

5. 休闲外套

羊毛类休闲外套以花呢为主，棉类以华达呢、哔叽为主，还有涤纶与棉或毛混纺、涤纶与麻混纺的面料，如图4-54所示。

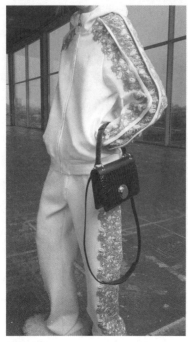

图4-54
冬季街拍外套以花呢及涤纶与棉混纺面料为主

6. 衬衫

采用全涤、全棉或涤棉混纺织物以及粘纤织物、麻织物。休闲类衬衫面料一般采用牛津布、条纹格纹棉布，高档衬衫会采用100%丝绸或者丝棉面料，如图4-55所示。

图4-55
衬衫面料多采用全涤、全棉或涤棉混纺织物以及条纹格纹棉布

7. 毛衫

以羊毛、腈纶为主，多为中厚型以及厚型，如图 4-56 所示。

图 4-56
以羊毛、腈纶为主的毛衫

8. 半裙

以混纺面料居多，有全棉、涤棉混纺、天然长丝混纺、绸缎等轻薄面料，如图 4-57 所示。

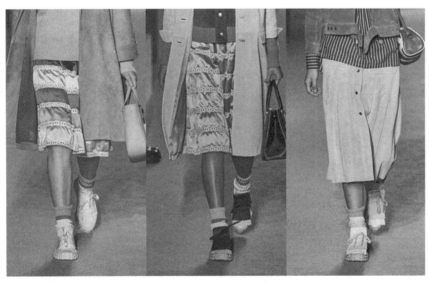

图 4-57
采用混纺面料制成的半裙

9. 裤装

多选用全棉、全毛织物，或涤腈混纺织物，以中薄型面料为主，也有轻薄、中厚型面料，如图 4-58 所示。

图 4-58
全棉、涤腈混纺织物裤装

10. 睡衣

以棉、涤织物为主，夏季也有采用真丝或天然长丝纤维以及涤棉混纺织物；冬季采用全棉等中厚型织物，如图 4-59 所示。

图 4-59
以棉、涤织物为主的睡衣

11. 运动服

多选用轻薄或者中薄型的纯棉、涤棉混纺、锦纶和氨纶混纺织物，这类面料通常弹性、透气透湿性较好，如图 4–60 所示。

图 4–60
运动服面料以纯棉、涤棉混纺、锦纶和氨纶混纺织物为主

12. 工作服

常选用全棉、涤棉混纺织物，夏季多采用中薄型面料，如图 4–61 所示。

图 4–61
以全棉、涤棉混纺织物制成的工作服

服装商品面料的具体选择，与品牌风格、客户定位、产品季节及产品的品类紧密相关。请大家参照其对应的服装品类分析和学习。

色彩企划

扫码看彩色页面

色彩企划与色彩搭配

通过利用记号化的色彩体系（如蒙赛尔色彩体系、奥斯特瓦德色彩体系），可以分析色彩以及色彩搭配的规律，并运用到色彩企划中，提高设计工作的效率。

蒙赛尔色彩体系：蒙赛尔色彩体系是由美国的教育家、色彩学家蒙赛尔创立的色彩表示法，是通过色彩立体模型表现颜色的一种方式。它包含色彩的 5 个原色和 5 个间色，是以色彩的色相、纯度以及明度三属性为基础，结合颜色的视觉特性制作出的纺锤体色彩模型，用于创造色彩分类。其中轴中线两端分别为白色和黑色，代表着色彩的明度；由纺锤体表面到轴心，代表着色彩的纯度；而模型的外表面皆为色彩的色相变化，如图 4-62 所示。

图 4-62
蒙赛尔色彩
体系

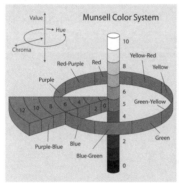
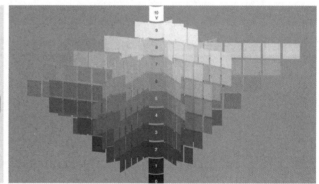

奥斯特瓦尔德色彩体系：奥斯特瓦尔德色立体也简称为奥氏色立体。它是由德国的科学家、化学家奥斯特瓦尔德创建、命名的。他在奥氏色立体中使用了 24 个色相，并将同色相的颜色以色轴为中心轴，按照向四周发散的顺序组织排列，呈现出复圆锥体的形态。

奥氏色立体中的色相环是以红色、黄色、绿色、蓝色四原色为基础，两组补色分别相对位于圆周的 4 个等分点上，再于四原色之间添加橙色、紫色、蓝绿色和黄绿色四种色相，用这 8 个颜色共同组成色立体的基本色。最后将每一色相分为 3 种色相，因此原色和间色共同形成 24 个色相，如图 4-63 所示。

图 4-63
奥斯特瓦尔
德色彩体系

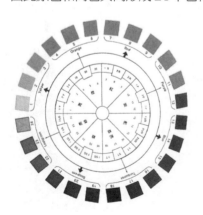
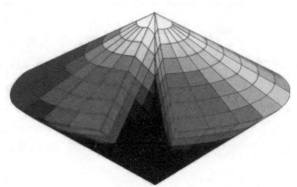

服装行业中流行色

在流行色方面，我们需要掌握流行色是如何产生的、流行色的变化以及流行色的生命周期，从中对流行色有一定的了解。

1. 流行色的产生

一种色彩的流行与否是相对人这个群体而言的，原动力起源于人的心理。简单来说，流行色是在一定的社会范围内、在一定时期和地区内，产品中被大多数人所喜爱和采纳的带有倾向性的几种或几组色彩和色调。如果这种色调、色彩得到国际流行委员会的认可并向全世界发布，就变成了"国际流行色"。

2. 流行色的变化

流行色的变化，不是由个别消费者的主观愿望或是少数设计师与商家所能决定的，它的变化与所处时期人的心理变化、生活环境、社会经济等多种因素密切相关，但它的变化是具有客观规律的，主要可以分为流行色的色相变化与流行色的明度与纯度变化。

(1) 色相方面的变化。色相的变化一般俗称为突变规律，即新出现的色相与原色在色相环上是会向对立、相反的方向转变，比如说由暖色向冷色的转移，或是由冷色向暖色的变动，如图 4-64 所示。

图 4-64
2016 年 度流行色静谧蓝与水晶粉呈现相反的色相

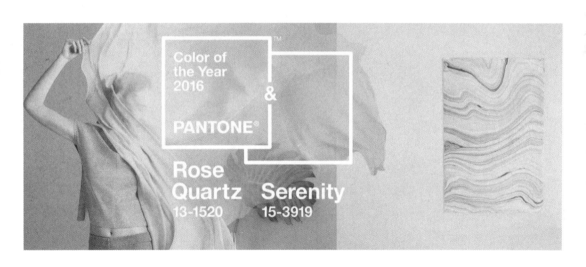

(2) 明度和纯度方面的变化。色彩和明度与纯度变化属于延续规律，由同种颜色产生低明度、低纯度到中明度、中纯度再到高明度、高纯度的渐变规律，如图 4-65 所示。

3. 流行色的周期

流行色的生命周期为七年，分为始发期、上升期、高潮期、衰退期四个阶段。流行色的周期往往也会随各国、各地区的经济发展、社会购买力的不同而各不相同。一般来说发达国家流行周期短，贫困国家、落后地区流行时间长。特别要留意的是：一个时期的流行色到了衰退时期并不表示它的消失，只是代表它的势头减弱，不再是当季流行色。

图 4-65
2018 年 春
夏流行的鲜
亮云雀黄到
秋冬成为高
明度黄绿和
低明度锡兰
黄

2018 年春夏

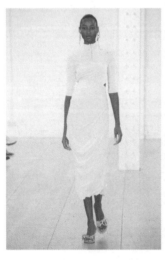

2018 年秋冬

在流行色之外我们会发现还存在些常用色，这些色彩初看没有多少印象，在仔细审视后，逐渐会在视觉上产生一定的亲和力，而且容易搭配、适合多种场合，比如现下流行的莫兰迪色系，如图 4-66 所示。

图 4-66
莫兰迪色系
在家居与服
装的运用

商品配色方法

不同类型的商品有不同的配色方法，但其基本构成大致可以有流行色与基础色两种。流行色是具有某一倾向的一系列色彩，代表一定时期的时尚形象。流行色的特点有三方面；一是时间特性，国际流行色预测机构会在春夏、秋冬两季发布颜色，时间不同，消费者对色彩的偏爱也会有所不同；二是空间特性，不同的民族、不同的地理环境会对消费者对色彩的感受有所影响；三是规律特性，流行色是有生命周期的，但一般都遵循从冷到暖、从暖到冷、从明到暗、从暗到明这些规律。

因此，商品颜色的配比不能仅仅依据流行色来进行搭配，消费者不同、产品不同、当季主题不同等因素也需要考虑在其中，比如以大众化消费者为对象的品牌或商品，在商品配色上一般常用色商品占60%~70%，流行色商品只占少量。即使是时尚感很强的品牌，商品也并不是完全采用流行色。针对不同的色彩主题、不同的款式，色彩的搭配会有所不同。流行色与基础色在商品配色的运用在主题商品、畅销商品与常销商品上体现得更为明显。

1. 主题商品

主题商品是指品牌商从自身所处的实际情况出发，发掘热点，围绕一系列主题确定出来的体现主题性的商品，例如 Comme des Garçon Shirt 2021 与 KAWS 推出一系列胶囊系列，以艺术家经典的涂鸦字体结合 COMPANION 等艺术形象呈现，推出T恤、卫衣、衬衫、西装、夹克、包袋等单品，如图4-67所示。

图 4-67
Comme des Garçon Shirt 2021 与 KAWS 合作的主题商品

2. 畅销商品

畅销商品是指在短时间内市场上销路很好、没有积压滞销的商品，这些商品是受到消费者欢迎的商品。畅销产品在配色过程中主要选用正在流行的时髦色彩，并加入一定量的常用色彩作为辅助，如图4-68所示。

3. 常销商品

常销商品与畅销产品的区别是受消费者欢迎的持久度，常销产品是能在比较长的时间段受到消费者欢迎的商品。常销产品主要用基础色，并加入少量的正在流行的时髦色彩作为点缀和补充，如图4-69所示。

图 4-68
Comme
des Garçon
畅销款中的
流行色

图 4-69
Comme
des Garçon
常销商品中
的流行色

色彩感性与消费群体属性的关联

不同的色彩会带给人不同的心理感受，我们称之为色彩感性。色彩因其感性因素吸引着不同的消费者，每个消费者会有对颜色的固定喜好，而以相似的色彩喜好划分消费者便可得到一个对色彩有相似喜好的人群。我们将不同的色彩感性进行划分，大致可以分为罗曼蒂克型、运动休闲型、崇尚自然型、成熟优雅型、清纯可爱型、现代时尚型、职业洗练型、经典传统型八种类型。从这八种类型出发，深度剖析其与消费者之间的关联，可以使我们对服装有更深刻的了解。

1. 罗曼蒂克型

钟情于含蓄的提花花纹、细致的印花花纹；喜欢抽褶设计，蕾丝、饰边的小细节。颜色上偏爱玫瑰色系以及淡色系、奶油色等。

喜爱罗曼蒂克型服饰的人，一般具有天马行空的想象力、喜爱浪漫的事物、对于细节有极端的追求。这类人不热衷于浓艳的色彩搭配，喜欢温柔的色系。在服饰的细节上面，轻柔的纱、细小的抽褶等都容易引起这一人群的注意，如图 4-70 所示。

图 4-70
Simone
Rocha
2019 春
夏时装

2. 运动休闲型

以舒适性为主的着装类型，对棉等舒适性制品情有独钟，颜色以明亮或者自然为主。

经常穿着运动休闲型服饰的人一般具有理性的逻辑思维模式，不喜欢受到拘束，性格较为外向、豪爽。对于服饰穿着一般偏向宽松，不受服装的拘束，在服装的面料选择上喜欢具有舒适性与透气性的服装面料，如图 4-71 所示。

图 4-71
运动休闲型

3. 崇尚自然型

崇尚自然型通常喜欢以大自然色彩或者抽象的花草、白云、流水图案作为装饰重点，颜色通常以驼色、深灰色搭配明亮色系。

喜爱崇尚自然型服装的人，性格一般豁达开朗，喜欢古典、传统文学，喜欢与大自然接触，具有比较强的道德感与社会责任感。对于颜色的要求是偏向自然色系，并不会特别热衷于人工的、高饱和度的色彩。在关注服装本身之外也会去深入了解一个服装品牌背后的故事，比如说，那些关注环保和可持续发展的服饰品牌更容易得到这类人的青睐，如图 4-72 所示。

图 4-72
UMA WANG 2018 秋冬高级成衣

4. 成熟优雅型

成熟优雅型的人一般喜欢简单大气、剪裁干净利落的服装款式，以及喜欢棉、丝绸等面料，颜色以白色、淡紫色、米黄色、中性色为主，如图 4-73 所示。

图 4-73
Lanvin 2020 春夏成衣

5. 清纯可爱型

喜爱清纯可爱型服饰的人通常选择暖色调和淡色系的色彩。白色的清洁、明快、纯洁、神圣与和平是其重点色彩表达，此外各种层次的粉色系、马卡龙色系都是清纯可爱型的色彩表达。偏重可爱活泼风格的造型，色彩会相对艳丽。如图 4-74 所示。

图 4-74
MiuMiu2018 春季成衣

6. 现代时尚型

喜欢现代时尚型服装风格的受众一般性格比较外向，喜爱追逐潮流，热衷于新兴事物并且勇于尝试。这类人对新事物的接受度是最高的，但同时其目光也很容易被其他新兴事物吸引。因此，现代时尚型选用的服装通常颜色对比强烈。运用具有冲击力的色彩搭配、夸张的剪裁、新颖的服装面料设计的服装更容易吸引这一群体的注意，如图 4-75 所示。

图 4-75
Alexandre
Vauthier
2019 春季
高定

7. 职业洗练型

在服饰的穿着上，常穿着男性化的大衣外套，图案简单多为几何图案，颜色倾向于深色、暗色。

喜欢职业洗练型服装的受众一般具有较强的责任心、学识渊博、善于领导他人，不热衷于追逐大众流行文化，喜好的变化缓慢，偏爱秩序性强的事物。对于服装的需求很稳定，款式与需求并不会因为时尚的变化而产生很大的变化。 在服饰的细节方面需求上，因其工作属性，这类人更热衷于易打理的颜色和面料，如图 4-76 所示。

图 4-76
Ports 1961
2016 秋冬
成衣

8. 经典传统型

服装外观比较简单，但对品质要求精益求精，以中性色、传统几何图案为主，偏爱羊毛丝绸类服装。

喜欢经典传统型服饰的受众，一般也不容易受当下的时尚风向所影响，这类人群的性格较为沉稳，因此审美取向较为稳定。对于服装风格的需求较为稳定，但对服装也并非没有要求，其要求集中在服装的品质与剪裁上，品质上需要高质量、舒适的面料，服装剪裁上需要舒适与利落，如图 4-77 所示。

图 4-77
Hermès
1998 秋冬
高级成衣

色彩企划的流程

色彩企划是结合商品特有的环境、目的、性格，在客观上指导色彩的运用，再进行实施的工作。色彩企划一般涵盖了收集和分析信息、确定色彩理念并选色、推广色彩理念和内容以及色彩信息的记录与保存四个明确的过程。

1. 收集和分析信息

在色彩企划的初级阶段，我们需要构建季节核心并围绕此核心收集视觉图像，根据视觉图片发挥创造力。色彩企划的来源依据可以是企业情况总结，也可以是流行色预测机构发布的流行色信息。企业情况总结指的是消费者色彩喜好的调查问卷的分析以及销售情况下统计出来的热销色和滞销色等。流行色信息是指国际流行色委员会每年两次对 18 个月后流行色趋势进行的预测和发布，这些流行色的发布同时也影响着各行各业的产品制作。

2. 确定色彩理念并选色

色彩企划要求在参考流行色信息和市场信息的基础上，根据品牌理念、目标市场的特性、材料的倾向、商品的品类等来设定色彩理念、色彩主题及进行基本配色和图表化表现。按主题理念、产品种类选定产品的具体用色，包括基础色和主题色。基础色为一些品牌向来运用的颜色，而主题色则是品牌根据当季的色彩主题选定的颜色，有些企业产品的主题色有可能与流行色相关。

3. 推广色彩理念和内容

推广色彩理念与内容主要包括生产方面和广告宣传方面。当确定色彩理念与选择好相关颜色之后，品牌便要为产品的制作与销售做好准备，与配件生产商、批发商等做好主题色和搭配色的沟通。广告宣传有文化节、展销会、线上推广、宣传册等多种形式，在这些可以运用色彩的地方，都要运用品牌的主题色彩，发挥色彩的作用，给消费者以基础的色彩印象。

4. 色彩信息的记录和保存

色彩信息的记录和保存是色彩企划的最后一个环节，也是最为重要的环节，它为之后的色彩企划提供基础，也可以积累成企业的色彩手册，在形成一定量后便会成为本企业的色彩信息数据库。企业个人的的色彩数据库的建立是对品牌的塑造和深化具有深远意义的一项举措。

服装品类组合构成······························

扫码看英文资料

为了将企划的理念落实到具体的商品，品牌需进行品类企划，确定品牌商品在品类构成、价格设定、尺寸设定等方面的组合构成。要求在符合服装组合搭配的一些原则下，参照以往的经验来动态进行。对于已有品牌，在此项工作之前应总结以往的实际销售业绩，找出各品类在销售中的问题并制定改进措施，如图 4-78 所示。

图 4-78
服装品类组合构成的工作流程

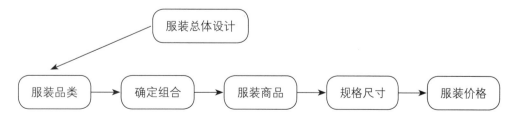

品类企划时不仅要完成服装商品的效果图，还要确定构成商品款型的各个细节，如造型、材料、色彩、价格、尺寸等，即决定品牌的商品构成。重点在于确定每一品类款型的数量，同时设定衬衫、编织衫、针织衫、裙装等不同品类服装的构成比例。在设定不同品类构成时，应先参考（竞争对手品牌或本品牌）上一年度销售额实绩，制定出各季节、月份的销售额目标，再设定下一季各品类的销售数量和构成比例、各品类的款型数，并考虑色彩、材料、尺寸等要素，确定出不同的品种规格。

组合搭配原则

服装组合搭配的作用

服装商品组合是服装商品企划中承上启下的环节，是基于顾客需求将设计概念具体化、清晰化，成为品牌竞争的重要环节。能够塑造整体形象，迎合消费者购买过程的心理，满足消费者的多元化需求，增强品牌整体形象，扩大企业经营范围，占领更多市场份额，增强企业综合竞争力，分散经营风险。企业应根据市场需求进行商品组合规划，合理生产，减少库存，增加销量。

服装组合搭配的要素

组合搭配是将不同品类组合，塑造统一和谐的过程。广义上，组合的内容除了服装，还包括各种配件，如鞋、袜、箱包、首饰、丝巾等，以及各种造型手段，如发型、化妆等。组合搭配主要考虑以下方面：

(1) 服装之间的组合搭配（上装与下装、外穿服装与内穿服装之间的搭配）；

(2) 服装和配件之间的组合搭配（从鞋、袜、箱包、皮带、围巾到项链、戒指、手表等）；

(3) 整体风格和发型、妆容之间的组合搭配（从口红的颜色到妆容的整体效果、发型、肤色等）；

(4) 服装和脸型、身体比例、肤色等身体条件间的组合搭配；

(5) 服装和穿着场合、生活场景的组合搭配。

组合搭配的基本方法

在具体考虑服装与服装的搭配时，有四种方法可供参考。

(1) 款式搭配：将不同细节、廓形、品类的服装组合搭配可以形成西部风貌、运动风貌等各种不同风格类型。此外，如果再考虑人体比例因素，采用一些凸显身材高大或纤细苗条的细节和廓形，着装者取得的整体效果将更好。

(2) 色彩搭配：色相、纯度、明度的差异左右着色彩的视觉感受。色彩搭配组合的关键是对不同视觉感受的色彩进行巧妙的组合，以形成预期的视觉冲击，吸引众多的顾客，促进商品的销售。

(3) 图案搭配：图案的组合搭配，包括图案大小和阴阳的搭配等。

(4) 材料搭配：人们对于不同材料之间组合搭配的关注始于20世纪70年代后半期。和色彩的组合搭配一样，材料搭配也要把握不同材料的感觉特性（如风格、表面肌理、光泽、厚薄等），从整体着装效果出发进行组合。

服装商品构成

品类与单品

品类是满足消费者在某一场合穿着的可以互相联系或替代的产品，是进行服装细分化所需的最小区分单位。美国 ECR（Efficient Consumer Response）理念将品类定义为"一组独特的、易于管理的产品或服务，在满足客户需求方面被客户认为是相互联系的或可替代的"。品类的认定并不完全具有统一标准，比如衬衫可以是一个品类，也可以再细分成几个品类，如长袖休闲衬衫、长袖职业衬衫、短袖全棉衬衫等。

单品与单件是同义词，指商品物理上的最小单位，如裤子、裙子等。单品更多用在休闲装场合，在美国、日本，单品类服装又称为运动休闲服。现在，随着社会的发展，人们通常在不长的时间段内就有可能参加多项活动，例如现在的许多年轻女性在上班结束后通常还会有社交活动，这就需要服装具有易于自由组合搭配以便很快适应新场合的特点。一些服装品牌意识到了这一点，并以此作为商品构成企划的重点。

品类组合

品类组合是指一个特定销售者售予购买者的一组产品。服装的品类组合包括品类的数量组合、款式组合、色彩组合、规格组合、面料组合、图案组合、价格组合。

组合的宽度是指某个品牌具有的各式商品品类数，如果某个品牌有各种各样的单品可供选择，就可以称为"宽广的"商品配套组合。组合的深度是指品牌商品组合内各个单品的数量，如果组合内各个单品尺码规格齐全，就可以称为"有深度的"商品配套组合。如表4-4所示，是某品牌的品类组合实例。

表4-4
某女装品牌
品类组合实
例

组合宽度	组合深度
T恤系列	A1 短袖：A11 基础短袖 A12 印花短袖 A2 长袖：A21 修身长袖 A22 宽松长袖
衬衫系列	B1 雪纺衬衫：B11 碎花衬衫 B12 条纹衬衫 B13 纯色衬衫 B2 棉质衬衫：B21 翻领衬衫 B22 V 领衬衫 B23 露肩衬衫
裙装系列	C1 半身裙：C11 A 字裙 C12 百褶裙 C13 蛋糕裙 C2 连衣裙：C21 衬衫连衣裙 C22 雪纺连衣裙
裤装系列	D1 休闲裤：D11 直筒休闲裤 D12 烟管休闲裤 D13 阔腿休闲裤 D2 牛仔裤：D21 直筒牛仔裤 D22 紧身牛仔裤 D23 阔腿牛仔裤
配饰系列	E1 包类 E2 鞋类 E3 皮带 E4 发带 E5 帽子 E6 袜子

商品构成的工作方法

1.决定商品构成的比例

根据品牌和目标消费群的特性，具体对所企划的商品构成（主题商品、畅销商品、常销商品的比例结构）进行决策。

(1) 针对主题商品：上下装整体规划。主题商品流行主题含量高，能鲜明表现出品牌的季节主题，由于这类商品主要针对那些对时尚敏感度很高的消费者，因此很难预计和把握市场实际需要的程度。

(2)针对畅销商品：根据销售数据，从商品品类、色彩、面料、尺寸、细节等多维度形成上一季畅销产品分类表，进行产品分析，重新引入本季流行元素及特征，作为本季主推商品。

(3)针对常销商品：受流行趋势的影响小，通常为经典款式和品类。

商品构成比例按照各子季节来决定。与以大众化商品为主体构成的品牌相比，高感度、个性化品牌中的主题商品、畅销商品所占的比例更大。特别是定期举行时装发布会的设计师品牌，由于追求创新性的设计，主题商品所占的比例非常高。即使是这类主要靠自营店或特许经营的品牌，为了减小库存风险，也不能只策划主题商品，还需要维持主题商品、畅销商品及常销商品在卖场构成比例的平衡。

常用的商品构成比例为：畅销商品40%~50%，常销商品30%~40%，主题商品20%~25%，如图4-79所示。

图4-79
商品构成比例

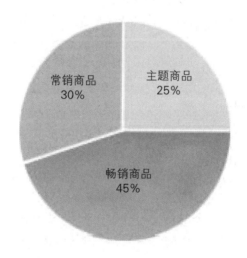

2. 确定"服装品类构成比例"

由于主题商品和畅销商品要求在材料、色彩、设计上有创意，因此，常将上下装作为整体进行商品企划。对于常销商品，以单品为主进行企划，上下装、内外衣之间的组合搭配性并不太严格。常销商品的企划更重视穿着舒适性、穿着场合及品质方面。

按照裤装、毛衫、裙装等各品类，以单品形式生产、销售的服装企业，确定服装品类构成比例的决策比较容易。以配套组合企划为基础的服装品牌，可能涉及裤装、针织品、裙装、套装、夹克、套衫、连衣裙及大衣等所有品类。尤其是各品类的销售比例每月都会有所不同，还应按月度来确定适当的品类构成比例。

3. 决定各品类的构成比例及各品类的商品款型

在搭配组合设计的过程中，应重视不同服装品类在色彩、材料、细部设计上的关联性。可归纳为以下两个方面：

(1)基于目标顾客的实际穿着需求，注意上装与下装之间的搭配关系，具体选定服装商品的色彩、材料、款式等；

(2)基于对各子季节连续性的考虑，应使品牌商品在整个季节中具有统一感。集中体现季节主题的主题商品款型、具有主题性且旨在扩大销售额的畅销商品款型以及维持和支撑品牌、具有稳定销售额的常销商品款型——三者之间的构成比例应合理选择。

商品构成的基本类型

(1) 按理念主题分类：针对设定的理念主题，作为其形象具体化的商品，在不同子季节，甚至不同月份都必须企划设定不同理念主题的商品款型，并考虑整体的构成均衡。

(2) 按服装品类分类：在商品构成企划时，既应考虑各子季节不同主题商品的构成比例，还应考虑不同品类的商品构成。制定设定主要品类的策略、维持商品款型平衡的策略、拓展商品款型范围的策略等。

服装规格尺寸设计

规格的定义

服装规格是进行服装规模化设计、生产、管理和流通所依据的一种规范参数。对于消费者，它是选购服装商品的一种标准和识别符号。对于企业，它既是服装在合体性方面最大限度满足不同体型消费者要求的保障，也是企业后续生产、管理工作正常进行的前提。服装规格尺寸的设计关系到企业是否能够实际生产、顺利销售商品。

服装规格的表示方法

1. 号型表示方法

在服装行业标准中，"号"是指人体的身高，是服装长度设计的依据，它与人体身高、颈椎点高、坐姿颈椎点高和全臂长等密切相关。"型"是指人体的净胸围或腰围，是设计服装围度的依据，它还与臀围、颈围和肩宽有关。

国家标准还根据人体的胸围与腰围的差数将体型分为四种类型，代号分别为 Y、A、B、C。其中，Y 代表偏瘦体型；A 代表标准体型；B 代表偏胖体型；C 代表胖体型。由于人群中 A、B 体型的人数比例较大，企业通常选用 A、B 型作为服装商品企划的体型对象。各国采用的号型基本上都以身高、胸围（腰围）和体型分类为依据，但其表达的格式以及对应的尺寸规范不尽相同，如表 4–5 所示。

单位：cm

表 4–5
我国人体四
种体型分类

体型分类代号	男子：胸围与腰围差	女子：胸围与腰围差
Y	22~17	24~19
A	16~12	18~14
B	11~7	13~9
C	6~2	8~4

根据人体的规律和使用需要，对上装及下装分别选用最有代表性的两个基本部位作为制定号型的基础。上装的号和型分别用身高的数值（cm）和胸围的数值（cm）表示；下装的号型分别用身高的数值（cm）和腰围的数值（cm）表示。

2. 号型规格设定

(1) 号型同步配置（一个号一个型），如 160/84、165/88、170/92、175/96。

(2) 一号多型配置，如 160/80、160/84、160/88、160/92。

(3) 多号一型配置，如 155/84、160/84、165/84、170/84。

具体采用何种形式，取决于目标消费者的主体体型特征以及企业的生产能力。

服装规格设计的工作步骤

（1）确定规格表示方法。根据所企划服装的种类，是男装还是女装、是机织服装还是针织服装，确定采用何种规格表示方法。

（2）进行号型配置。在进行号型配置前，需选择号型配置的形式，然后再查阅和参照《全国统一服装号型》中的各个系列服装号型表，编制本品牌的号型表。

（3）确定控制部位尺寸。在服装打样的过程中，仅有身高、胸围、腰围、胸腰差等尺寸还不够，还应掌握上装中的总肩宽、袖长、领围，下装中的臀围等与人体曲面相吻合的主要部位的尺寸，即控制部位的尺寸。号型和控制部位的尺寸是设计服装细部规格的基础，也是检测成品规格的依据。

（4）确定细部规格。服装的细部规格指口袋的大小和位置、翻领的大小、纽扣和纽孔的大小及间隔的大小、开衩的大小和位置等。这些细节直接影响服装的整体效果和风格，不容忽视，具体规格可根据服装款式效果图以及企划人员的实践经验来确定。

服装价格设定

服装价格体系的种类

服装价格按服装产品所处的流通阶段可以分为三类：

（1）出厂价：出厂价是服装生产企业完成服装生产加工后，提供给批发企业或代理商的服装价格。由生产成本和生产企业的利润两部分组成。

（2）批发价：批发价是批发商等提供给零售商的服装价格，在出厂价的基础上加上了批发商的利润。

（3）零售价：零售价是零售商将服装出售给消费者时的价格，在批发价的基础上增加了零售商的利润。

三类服装价格的关系及其占总价格的比例如图 4-80、图 4-81 所示。

图 4-80
服装价格关系

图 4-81
三类价格占总价格的比例

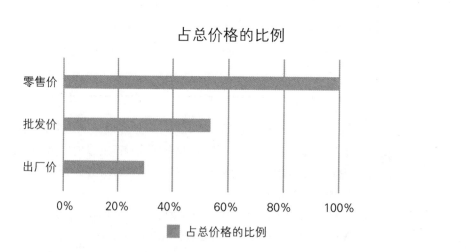

服装价格构成的元素

服装的价格构成可以从以下两个方面考虑：

1. 服装的出厂价格构成

服装的出厂价格是服装生产企业出售服装产品的价格，其构成内容主要包括服装生产企业的各种制造成本和费用以及工业利润，其中制造成本和费用的计算依据主要来源是企业的财务成本。

2. 服装的商业价格构成

服装商业价格是指服装商业企业销售服装商品的价格，包括批发价格和零售价格。服装商业价格的构成要素主要包括进价成本、经营费用、管理费用、财务费用、商业利润和税金商品。

服装的价格带和价格线

品牌服装产品的价格作为实现其市场价值的工具，通常用价格带和价格线来表示其价格定位。

价格带：用价格的上下限表示价格的波动幅度。

价格线：价格带中价格的种类及分布。

价格带中的价格构成种类很多，一般来说品类价格控制在5~6个。价格带也不宜拉得过长，例如图4-82中表示休闲装的价格带是420~480元。

图4-82
价格带

	价格带（元）		
正装	300~580	620~1080	1780~2580
休闲装	420~480	520~680	720~880
上衣	360~480		

制定价格体系的依据

1. 成本加成定价法

成本加成定价法是一种以生产成本为导向的定价方法，是在生产成本中加入一般管理费、销售成本、期望目标利润后而得出的。因在定价过程中采用加法运算，又称加法定价法。成本加成定价法简单易行，过去被很多服装企业采用。但随着社会主义市场经济体制在我国逐步形成，这种方法渐渐被淘汰。成本加成定价法是典型的生产导向观念的产物，由供给方主观确定目标成本利润率，缺乏合理性。

其计算公式如下：

服装的出厂价格＝服装的生产成本 ×（ 1 ＋目标成本利润率 ）

服装的销售价格＝服装的商业成本 ×（ 1 ＋目标成本利润率 ）

2. 需求导向定价法

需求导向定价法又称顾客导向定价法、市场导向定价法，是指企业根据市场需求状况和消费者的不同反应分别确定产品价格的一种定价方式。需求导向定价法一般是以该产品的历史价格为基础，根据市场需求变化情况，在一定的幅度内变动价格，以致同一商品可以按两种或两种以上价格销售。这种差别定价可以因顾客的购买能力、对产品的需求情况、产生的型号和式样以及时间、地点等因素而采用不同的形式。如以产品式样为基础的差别定价，同一产品因花色款式不同而售价不同，但与改变式样所花费的成本并不成比例；以场所为基础的差别定价，虽然成本相同，但具体销售地点不同，价格也有差别。

3. 竞争导向定价法

竞争导向定价法定价的目标是竞争对手同类服装产品的价格。其具体措施有三种：采取与竞争对手相同或比其更高的价格；采取比竞争对手稍低的价格；采取行业中的平均价格。

采用这种定价方法，企业可以根据同类服装产品的价格水平，结合本企业的实力，确定符合企业经营特点的营销组合策略，从而避免同行业在价格方面的激烈竞争。这种竞争导向的定价方法适合于在生产上具有某些优势、在市场上有较多竞争者的服装企业，一般是以生产常规服装和普通流行服装为主的企业。

4. 服装系数定价法

服装系数定价法是服装行业中一种特定的定价方法，具有简单、操作性强、适应性广等特点，是一种行业集体经验的反映。

计算方法是：

服装价格 = 服装生产成本 × 特定系数。

特定系数综合反映了服装营销组合要素等的综合影响，取值通常介于3~10之间。

服装设计与生产实施

经过订单评审后确认可以生产的订单，需进行生产前的样品试穿、订货会的准备以及产品的生产。本教程在此不做展开。

本章提问与思考·····································

1. 消费者市场细分依据有哪些？分别有什么样的特点？
2. 请简述服装商品企划中环境分析的层次。
3. 目标消费者特征分析的要素是什么？
4. 品牌理念细分评价体系有什么作用？并举例说明。
5. 服装材料有哪些风格特征？
6. 色彩企划有哪几个具体流程？
7. 服装组合搭配的方法有哪些？
8. 服装设计过程中服装产品如何与消费者年龄、性别、服装品质、服装风格等因素相协调？

第五章
终端企划

本章是关于终端促销策略与视觉营销两个方面的内容解读。首先介绍了促销的作用及四种主要促销方法，包括人员推销、销售推广、公共宣传、广告，并深入对广告的分类、作用、媒体及策略进行分析。而后介绍了促进来店策略、入店促进策略、待客服务策略、卖场展示策略等四种零售促销策略。再者，简要介绍了视觉营销的两个关键要素——环境视觉要素和商品构成，针对环境视觉要素展开卖场设计和橱窗设计两方面的相关指导。最后是对导购规范的简要说明。

扫码看英文资料

促销与广告策略··

扫码看英文资料

促销

促销的定义与范畴

1. 服装促销

服装促销是指服装企业利用各种有效的方法和手段，使消费者了解和注意企业的产品，激发消费者的购买欲望，并促使其实现最终的购买行为。企业通过人员推销、广告、销售推广等活动把有关产品的信息传递给消费者，激发消费者的需求，甚至创造消费者对产品的新需求。

2. 服装促销的要素

服装促销的要素主要是指以下五种：

(1) 促销主体：服装企业或经销商等。

(2) 促销客体：消费者。

(3) 促销内容：企业信息、产品、服务或构思信息等。

(4) 促销目的：通过信息沟通赢得信任、诱导需求、影响欲望、促进购买。

(5) 促销方式：人员促销、非人员促销（广告、公共关系和销售推广）。

3. 服装促销的作用

(1) 传递供给信息，指导顾客消费

及时向消费者传递有关企业状况、产品特点、价格、服务方式和内容等相关信息，以此诱导消费者对产品产生需求和欲望，并采取购买行为。

(2) 突出产品特点，激发消费需求

通过介绍产品的性能、用途和特征等，能够诱导和激发消费需求。

(3) 强调心理促销，激励购买行为

促销活动其实是"攻心为上"，强调心理战术的促销活动。"心动"是前提，只有"心动"才能行动。

(4) 树立企业形象，赢得顾客信任

促销活动有时并不以立即产生购买行为为目的，有可能是通过促销活动树立企业及其产品在市场上的良好形象。

促销的方法

促销作为市场营销组合"4P"中相对活跃的因素，是指通过各种资讯沟通的媒介与手段，消除目标顾客对商品认知障碍并影响消费者的认知态度，创造消费者购买该商品的兴趣与信心，从而达到促成顾客购买的目的。从企业经营的角度来讲，通过促销战略可以及时向消费者传播商品的内容和品牌的形象，增加销售额，获取良好的利润回报。从商品企划的角度来讲，实施促销战略可为商品销售营造适当的时机。因此，促销战略既可立足于新商品新季上市之时，也可基于长期考虑为培育良好的品牌形象或品牌忠诚度而实施。

服装促销战略应该根据企业、品牌、商品、价格、营销渠道及场所的不同特点而灵活进行。服饰商品作为"生活观念、文化价值与流行信息"等的信息媒体，其承载信息的短暂生命周期要求传播具备实效性与快捷性。就突出新商品、新品牌的特征性而言，促销是有效手段之一。

服饰产品因其非功能性价值，如社会价值、文化价值、美学价值、象征价值等意识价值的含量高，决定了消费者主要通过视觉、触觉等手段来感知，服装促销的战略重点在于塑造品牌形象或凸显理念定位，特别是高感度、个性化服装品牌不能将削价求售作为促销理由。服装作为消费者表达自我认知、自我价值、理想和诉求的象征与工具，其内涵可以通过色彩、造型、材质等要素来传达，但也需要通过促销来予以准确诠释，以确立品牌形象与理念定位。服装促销的战略目标是提高品牌的知名度，培养目标顾客的品牌忠诚度，在实施中通常以季节为周期，强调各季节的商品企划主题。以季节为主线进行促销可以配合商品企划、设计与生产的时序性，主要传播手段为视觉媒介，如报刊彩页、电视广告、时装摄影等。

传统的服装促销战略有四类主要实施方式：人员推销、销售推广、公共宣传和广告。

1. 人员推销

人员推销是最古老、最直接的一种促销方式，通过营销人员与顾客的直接沟通来实现销售目的。人员推销有优点也有缺点。

人员推销的优点包括：双向的沟通，针对性强，信息反馈迅速；示范性强，可增进顾客潜在的购物欲望，促进顾客购买；可以及时为顾客提供售后服务，直接获取顾客的反馈意见；适于针对批量购货的客户；绝对成本较低。人员推销的缺点包括：推销面窄；对推销人员素质要求较高，要求其具有丰富的商品知识和灵活有效的销售技术、展示技能；相对成本比较高，即对受众单位到达率的代价比较高。

2. 销售推广

销售推广指利用一些消费者在购物中追求额外收获的实惠心理，向经销商或消费者提供非常规的、优惠性的购买条件，以吸引顾客、扩大销售。它包括各种属于短期激励销售的促销手段，如面向最终消费者的零售推广（例如免费或减价赠送使用品、优惠券、价格减让、赠品、分期付款、有奖销售、免费服务等）和贸易推广（例如购买折扣率、合作广告、促销自主与经销竞赛等方式）。

进行销售推广时，应从企业特征、品牌属性出发。过多地通过优惠或价格打折等来吸引消费者，会使品牌在目标消费者心目中的地位和形象打折，破坏品牌的定位。

3. 公共宣传

公共宣传是一种通过在公共媒体上传播有关新闻、时事、热点人物等有商业价值的报道而达到企业目标的促销手段。由于公共宣传具有客观性、公共性和广泛性，其宣传效果远胜于广告。公共宣传很重要的一个特征是具有新闻价值并且建立在免费的基础上。

4. 广告

作为四种主要的促销工具之一，广告是付费传播销售信息、针对多数消费者的沟通与促销途径。从商业角度看，广告是通过利用传媒传递消费信息，吸引消费者关注，改变消费者态度，以影响实际或潜在顾客的购买行为。广告的特征在于通过付费给媒体的方式来实施促销。

关于广告的具体内容将在下一节展开详解。

促销的组合方式

所谓促销的组合方式，就是主张服装企业运用上面提到的"人员推销、销售推广、公共宣传和广告"四种基本促销方式组成一个策略系统，使服装企业全部促销活动相互配合，协调一致，最大限度地发挥整体效果，从而实现企业目标，如表 5-1 所示。

表 5-1
各种促销方式比较

促销方式	优点	缺点
人员推销	直接沟通信息，反馈及时，可当面促成交易	占用人员多
销售推广	吸引力大，激发购买欲望，可促成消费者冲动购买行为	接触面窄，有局限性
公共宣传	影响面广，可提高企业的知名度与声誉	花费人力、物力较大，效果不易控制
广告	传播面广，形象生动	成本较高，难以立即成交

促销的组合决策

在组合运用各种促销之前，需要先制定服装促销的组合决策，如图 5-1 所示。

图 5-1
服装促销组合决策

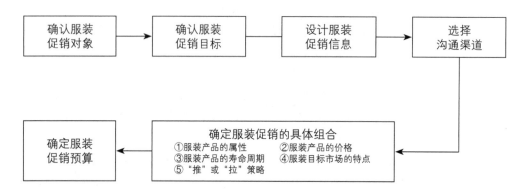

促销与女性消费者

促销是吸引消费者尤其是女性消费者购物的有效手段之一。一方面，企业可以进行现场促销，如在商场外面举行促销会，吸引顾客聚集，由于女性消费者喜欢追求热闹氛围的心理，她们容易在这种氛围下进行冲动式购物。另一方面，企业可以运用打折促销、会员卡、折价券促销、礼品赠送等促销方法，打折及折扣券促销容易抓住女性消费者求廉的消费心理，会员卡有利于维系顾客的品牌忠诚度，礼品赠送可以提高产品的附加值，这些都有利于服装的销售。

除此之外，促销人员要言语规范，注意语言表达艺术，尊重消费者，根据消费者的需要提供相应的服务。例如，当女性在购买服装时，促销人员根据消费者的需要为她们推荐服装搭配可以提高销售量。

广告

广告的定义

广告是一种为了实现某种目的而广泛传递信息的手段。"说服"与"公开"是广告的重要特征，"传递信息"、"追求盈利"是广告的重要目的，"产品或服务"是广告宣传的具体内容，"目标市场"和"社会公众"是广告的受众对象，"电视、广播、报刊、杂志"等是广告的传播媒体。

广告的分类

对于服装广告而言，广告又有硬广告和软广告之分。

1. 硬广告

在报刊、杂志、电视、广播四大媒体上看到和听到的宣传产品的纯广告就是硬广告。

优点：传播快，涉及对象广，可以加深印象。

缺点：商业味道浓，成本投入高，时间短，可信度低。

2. 软广告

软广告报道企业的各种活动，其特点是这些广告以人物专访的形式出现，或以介绍企业新产品、分析本行业状况的通讯报道形式出现，而且大都附有企业名称或服务电话号码等。

广告的作用

服装广告按促销目的分为形象广告和商品促销广告，前者主要以吸引消费者对品牌或企业如商店的关注、塑造形象为目的，不具体针对某一款服装；后者的目标是促进特定产品的销售。在实践中，形象广告在服装业中用得更多，广告的基本目的就是将信息传递给消费者，使消费者的行为和态度发生变化，刺激需求。

广告的媒体

广告通过收费的广告媒体向公众传播服装企业的信息来实施，媒体是将广告信息传达给目标消费者的媒介。服装广告的媒体形式很多，如报纸、杂志、广播、电视等大众传媒广告；模特、橱窗、路牌等实物广告；利用公共交通工具的流动广告等。媒体方式可按图 5-2 分类。

不同的广告媒体各有特点。例如一些大企业和设计大师多利用著名杂志做广告，塑造品牌形象、传达时装季节主题和理念。报纸的传播面广、成本低廉、制作发行快速及时，但视觉效果较差。电视广告富有动态，形象生动鲜明，但费用高昂。选择媒体时要考虑成本和有效性，如表 5-2 所示。

图 5-2
广告媒体方式的分类

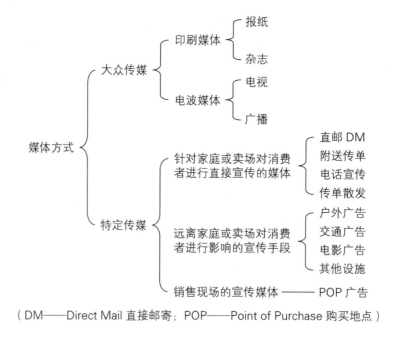

（DM——Direct Mail 直接邮寄；POP——Point of Purchase 购买地点）

表 5-2
各类广告媒体的特点

类型	优点	缺点
报纸	迅速覆盖地域市场，可信度高	寿命短，视觉效果差
杂志	针对特定读者层，有选择的可能性，寿命长，视觉表现效果好	缺乏及时、迅速性
电视	视、听相结合，能进行感性诉求，受关注的程度与顾客接触的机会较高	价高，听过、看过则忘
广播	大幅降低成本	只有听觉表现，所以难以表现时尚性，听过则忘
直邮（DM）	选择接受对象，也能进行视觉表现	每个对象平均成本高，有被扔进废纸篓的可能
户外广告	高接触率，成本低，冲击力强	不能选择接受对象，受到空间和面积等的制约

广告的策划

　　企业可根据过去的经验或资料，分析品牌的现状和商品企划理念，制定广告计划，并依据目标市场的趋势和季节特点确定广告主题，策划为达成广告目标及渲染广告主题所应开展的活动，设计合适的载体和选择适当的媒介，并做出广告预算，如图 5-3、图 5-4 所示。

图 5-3
广告策划程序

广告策划程序
- ①**市场调查**：环境、企业、消费者、产品、竞争对手、媒体
- ②**产品广告定位**：实体定位和观念定位
- ③**市场分析与细分**
- ④**广告媒体决策**：报纸、杂志、广播、电视、户外广告、直邮广告
- ⑤**广告创意及制作**：独特说辞策略、品牌形象策略、对比策略、幽默化策略、戏剧化策略、共鸣策略
- ⑥**广告预算**
- ⑦**广告效果评估**

图 5-4
广告的实施
流程

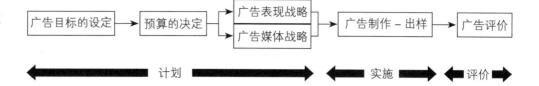

在具体实施广告策略时，应根据品牌的不同成长阶段合理调整。如在品牌导入时期，广告的目标是创牌，广告对象是早期使用者，广告诉求的重点是告知。当品牌处于成长期和成熟期时，广告的目标是保牌，广告的对象是早期和中期消费者，广告诉求的重点是说服和引导。同时，要注意广告发布时间及发布频率的选择，根据消费者的心理特点，进行集中与分散相结合的广告发布。

四种传统促销策略"人员推销、销售推广、公共宣传、广告"对品牌所起的促销作用不尽相同。四种促销手段通常结合运用，以创造最佳的效果。

四种促销手段中，所占比重最大的是广告及人员推销，特别是卖场的导购员促销。广告能诱发消费者的需求意识，可称为拉动战略（pull）；营业员的卖场促销服务是促使购买行为最终发生的有效途径，可称为推动战略（push）。在服装业中，消费者喜好程度较高的设计师品牌及个性化品牌通常采用杂志广告、公共宣传等诱导、拉动促销战略；品牌感性形象较低的大众化品牌通常与销售商之间建立良好的关系，以卖场促销为重点，提高销售额。

零售促销策略

消费者行为与零售促销战略

在制定销售企划时，服装商品企划师先要考虑商品在零售店的卖场中如何展示才能吸引更多的消费者。为此，需要了解零售店卖场的设施、环境情况与消费者购买行为之间的联系。

消费者和零售企业之间的关联可以用图 5-5 表示。消费者的消费行为可划分为选择商店、决定购买和获得满足三个阶段，消费者要购买商品，第一步是选择要去的商店，即选择商店阶段。进入商店后，下一步是从该店货架上挑选自己中意的商品，这一过程是决定购买阶段。从零售商的角度来看，当消费者做出了购买决定，并在收银处付款后，商品买卖就算结束了。但商品购买过程的完成并不意味着消费行为的结束。消费者购买商品的目的，并不单纯是完成购买商品这一过程，而是满足今后穿着的需要。如果试穿后，消费者觉得服装确实舒适自得，就自然会产生一种"买得值"的满足感，实际上消费者买的就是这种满足感，服装商品被视为人的第二肌肤，与人体关系密切，如果穿着不舒适，消费者马上就会体察，并对该品牌的服装产生强烈的不信任感，影响今后的购买行为。因此，企业应关注影响消费者做出购买决定的因素，还应重视实现他们的这种满足感。

因此，从零售企业的角度来看，为了提高销售额，仅在卖场中备足货源远远不够。企业要通过广告等传媒扩大知名度，使自己的商店成为顾客首选光顾的对象：还要为消费者创造良好的购物环境、积极提供流行信息，并强化对生活方式的介绍和倡导，吸引消费者再次来店购物。

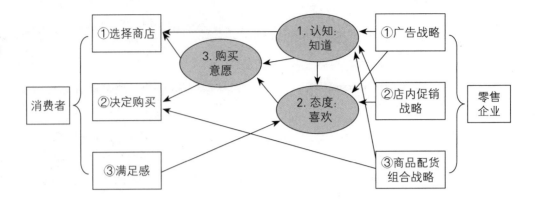

图 5-5
消费者和零售企业之间的关联

零售促销战略组合

如果不开展一定的促销活动让消费者了解商品，不论商品的组合搭配与陈列多么合理美观，那也只是一堆商品的堆积，没有任何意义。服饰制品和生鲜食品一样具有生命周期短的特性，而且现今社会的消费者对各种销售刺激渐渐麻木，普通促销手段已较难引起他们的注意，因此，进行有计划、有创意的促销活动势在必行。

促销活动要求整合各种要素以达到促进服装销售的目的，如图 5-6 所示。

图 5-6
零售促销战略的要素

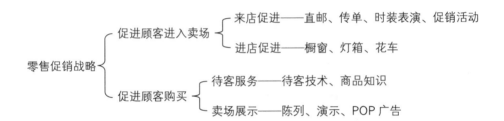

1. 不同类型零售企业的促销战略差异

不同类型零售企业的促销战略具有不同的特性：

(1) 百货店：主要利用报纸广告作为宣传手段，为了使周末有更多的顾客光顾，常进行展销、特卖活动，有时也散发传单或赞助电视体育节目。

(2) 量贩店：主要靠散发传单来强调价格上的优势，有时也利用报纸广告、赞助电视体育节目等形式。

(3) 专卖店：大多数专卖店不采用大众传媒作为宣传媒介，主要采用直邮 DM 进行有针对性的宣传。

(4) 购物中心：和量贩店一样，主要通过散发传单进行宣传。在打折销售期，也利用在公交车车身上画广告画、在地铁车站里设置灯箱的方式进行宣传，此外，很多购物中心定期出版广告宣传性质的刊物或举行大型促销活动吸引消费者。

2. 来店促进策略

在来店促进方面，零售店应从以下角度为顾客考虑：能买到些什么——独特性；能碰到什么有趣的事——刺激性；能得到何种新的商品和信息——期待感。

来店促进的方法主要有：直邮 DM——向顾客邮递一些装帧精美的宣传手册；传单——通常在展销或举行活动时使用；时装表演——在新的一季来临时，由零售企业主办时装展示会，地点通常设在零售店内，对象为广大消费者；促销活动——与季节的各种主题对应，以吸引消费者为目的的降价销售活动。

3. 进店促进策略

为吸引从卖场周围经过的消费者进店购物而采用的手段主要有：在卖场前部布置引人注目的橱窗；在卖场前部设置广告招贴或灯箱；在卖场外摆放促销用的花车；营业员在卖场前招呼消费者。

4. 待客服务策略

为了提高服务质量、促进销售，促销服务人员的接待方式、待客技术应能给顾客留下好印象；为了吸引回头客、尽量培养顾客的忠诚度，促销服务人员应具有应对顾客询问的丰富的商品知识。

5. 卖场展示策略

卖场展示应全面考虑商品在卖场中陈列的位置、方法等。在陈列方面，应根据商品构成的比例，对卖场进行空间区隔，确定通道和客流路线；对卖场倡导的风格或重点推出的商品，应灵活运用橱窗和人台进行有效的视觉展示；利用POP（具体指店头招贴、标价牌、灯箱等）向顾客传达卖场信息。

视觉营销企划••••••••••••••••••••••••••••••••

扫码看英文资料

橱窗设计

商店橱窗是门店整体装饰的组成部分，也是门店的第一展厅，是消费者对品牌和店铺最直接、最初步的接触和认识渠道。橱窗是以商店经营的商品为主，巧用布景、道具，以背景画面装饰为衬托，配以合适的灯光、色彩和文字说明进行商品介绍和商品宣传的综合性广告艺术形式。橱窗的本质是销售，但橱窗设计却需要无穷的艺术灵感，它是一门集创意、造型、色彩、材料、灯光等多种因素于一体的综合艺术。

橱窗的形式划分

从橱窗的形式上可以划分为封闭式、半通透式、通透式三种。

1. 封闭式橱窗

封闭式橱窗指背后及两侧完全封闭的橱窗，通常运用于高档服装品牌及较富个性风格的服装品牌。这种类型的橱窗跟店铺的销售空间完全分隔，是一个独立的空间，所以较容易布置，而且便于陈列商品的保管。其特点是易体现一个完整的形象，受外部元素干扰最少，灯光、背景自成一体，如图5-7所示。

2. 半通透式橱窗

半通透式橱窗一般采用不透明或半透明背板将卖场与橱窗进行隔离，也有采用部

图 5–7
封闭式橱窗

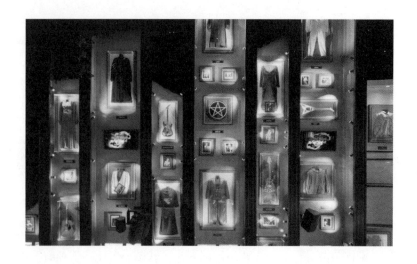

分墙面与卖场相隔，留出适当通透空间。该类橱窗的设计常会呈现一种"借景"的艺术效果，亦同时突出了空间的层次感，使行人通过门店门口时既可以看到橱窗，也可以看到店内的情况，如图5–8所示。

3. 通透式橱窗

通透式橱窗的背后及两侧完全敞开，仅仅只有平面的区域限定，其最大特点就是具有足够的亲和力，能够从不同角度观赏陈列商品，立体感强。这类橱窗商品陈列难度相对较大，顾客的视线分散，卖场内的营业情况会影响顾客的进店决策。通透式橱窗一般可用于商场专柜及商场产品展示区，如图5–9所示。

图 5–8
半通透式橱窗

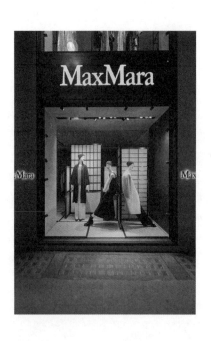

图 5–9
通透式橱窗

橱窗设计的类型

1. 系统式橱窗

大中型店铺的橱窗面积较大，可以按照商品的类别、性能、材料、用途等不同标准将其组合陈列在一个橱窗内。如把相同质地不同款式的上衣、相同款式不同质地的裙子、同质不同类的衣裙或不同类不同质的服装组合陈列。

2. 专题式橱窗

专题式橱窗以一个广告专题为中心，围绕某一个特定的事情，组织不同类型的商品进行陈列，向媒体大众传输一个诉求主题。这种陈列方式多以一个特定环境或特定事件为中心，把有关商品组合陈列在一个橱窗内，营造浓厚的主题气氛。一般分为以下几种：

(1) 节日陈列。以庆祝某一个节日为主题组成节日橱窗专题。各种中西节日是商家销售的好机会，商家可以通过具有节日特色的橱窗吸引消费者的眼球，如圣诞节以圣诞礼品、圣诞树、雪花及驯鹿等道具布置橱窗，渲染浓厚的节日气氛，如图 5-10 所示。

(2) 事件陈列。以社会上某项活动或庆典仪式为主题，将关联商品组合起来的橱窗陈列，如门店店庆时推出的陈列展示。

(3) 场景陈列。根据商品用途，把有关联性的多种商品在橱窗中设置成特定场景，既突出主题又给人以身历其境的感觉，从而诱发顾客的购买行为。如夏季度假风格服装的推出，将橱窗设计为海洋沙滩的环境氛围，吸引过往消费者的注意力，同时让消费者感觉沐浴海滩阳光之下，如图 5-11 所示。

图 5-10
圣诞橱窗

图 5-10
场景橱窗

3. 特定式橱窗

特定式橱窗是指用不同的艺术形式和处理方法，在一个橱窗内集中介绍某一产品。这类布置适用于新品或特色商品的宣传，对重点商品的特写，例如单一商品特定陈列和商品模型特定陈列等，以重点推销该产品。

4. 季节性橱窗

根据季节变化把应季商品集中进行陈列，如冬末春初的羊毛衫、风衣展示，春末夏初的夏装、凉鞋、草帽展示。这种手法满足了顾客应季购买的心理特点，有利于扩大销售。

在季节性橱窗陈列中，色彩的运用对橱窗季节性的表现尤为突出，例如春天采用绿色植物，秋天采用金黄色的色调、枯枝等，给人以强烈的视觉冲击和季节感知。但季节性陈列必须在季节到来之前一个月预先陈列出来，向顾客介绍，才能起到应季宣传的作用。

橱窗设计的原则

橱窗作为卖场的组成部分，虽然是个独立的陈列空间，但在构思橱窗的设计思路前，还是必须把橱窗放在整个卖场中去考虑。另外，橱窗的受众是顾客，因此必须要从顾客的角度去设计规划橱窗里的每一个细节。

1. 考虑顾客的视线

行人往往是在行走中观看橱窗的，当橱窗有足够吸引力时，他们会驻足观看。因此，橱窗的设计不仅要考虑顾客静止时的观赏角度和最佳视线高度，还要考虑橱窗自远至近的视觉效果以及穿过橱窗前不同角度的观看效果，为了让顾客从很远的地方就能看到橱窗的效果，橱窗设计不仅要创意新颖，主题简洁，形式感强，而且在夜晚还要适当地提高大橱窗里的灯光亮度，一般橱窗中灯光亮度要比店堂中提高50%~100%。另外，顾客有一定的行走习惯，如在国内通常靠右行，通过专卖店时，一般是从商店的右侧穿过店面。因此，在设计当中，不仅要考虑顾客正面站在橱窗前的展示效果，还要考虑顾客侧向通过橱窗所看到的效果，要站在顾客的角度与立场反观、评析展示成效，务求客观和实际，并作出针对性调整。

2. 橱窗与卖场的整体性

橱窗是卖场的一个部分，在布局上要与卖场的整体陈列风格相吻合，形成一个整体，这样才能使顾客从受橱窗的吸引到对整个店铺的认可，形成连贯统一的认知。特别是通透式橱窗，不仅要考虑其与整个卖场的风格相协调，更要考虑橱窗与最靠近橱窗的几组货架的协调性。

在实际应用中，有许多陈列师常会出现这样的失误，那就是过分把橱窗当作独立的对象对待，在陈列橱窗时，却往往会忘了卖场里的陈列风格，造成橱窗的设计和店堂的陈列风格相去甚远。因此，在进行橱窗设计时，要始终坚持橱窗与卖场的整体性。

3. 主题简洁鲜明，风格突出

不仅要把橱窗放在自家的店铺中考虑，还要把橱窗放到整条街上去考虑。在整条街道上，如何让自家的橱窗吸引行人的眼光，让顾客在自家的橱窗前能够停留并有兴趣走进店铺，是陈列师要努力实现的目标。因此，橱窗一定要主题鲜明，风格突出，创意新颖，要用最简洁的陈列方式告知顾客所要表达的主题。

4. 呼应卖场营销活动

橱窗作为店铺的宣传窗口，也如同一部电视剧的预告片，它告知的是大概的商业信息，传递的是卖场内的销售信息。因此，橱窗传递的信息应该和店铺中的活动相呼应。如店堂里主推产品是本季新装，那么橱窗的主题也应是"新装上市"，以切实地传递店铺的销售信息。

VMD 概念

视觉促销，即VMD（Visual Merchandising）是商品企划活动的一部分，目的是从整体视觉上吸引消费者。通俗地讲，视觉促销是指调动、管理、配置以商店建筑的外观装饰风格为主、包括橱窗展示、店内的货架、人台或照明等在内的一切能对视觉造成刺激的要素，使目标消费者更容易理解商品的功能和设计的理念、促进商品的销售的一种策略手法，是企业从视觉角度运用与实施商品企划策略的过程。

因此，视觉促销的根本是商品企划，商品理念决定了视觉促销的内容——通过对商场中所有与商品有关的视觉要素进行调配和管理，以吸引消费者，强调品牌的独特性和差异性。

VMD 与环境视觉要素、商品构成

1. 环境视觉要素

VMD 对视觉的刺激要素包括产品、各种展示道具、灯光、销售员形象等多种环境视觉。门店在进行视觉促销时，为了体现品牌设计理念的某个中心主题，通常结合商品与环境相关的要素进行主题性的视觉展示——除了所售商品具有品牌风格与主题设计外，零售店的货架材质与造型、灯光、背景等都应具有相同的风格，门店销售员形象也应与这种风格吻合。

因此，视觉促销企划要对整体布局进行考虑，不单单是门店某部分具有某一种风格，还应从整体对所有与视觉刺激有关的要素进行布局规划。

2. 商品构成

对于高感度品牌，由于其目标顾客是对品牌意识很敏感的消费者，通常采用自营店或特许经营店销售方式。在进行高感度品牌的商品企划时，要重视商品构成，并且对零售店的商品陈列、展示、橱窗布置及促销活动等进行规划。

在零售店中，为了实施商品的组合和配货，应该将商品构成中的各品类进行分组，按照主题商品、畅销商品、常销商品分类，进行陈列、展示、橱窗布置及促销活动等。视觉促销将商品与陈列、展示、橱窗布置、促销活动统一筹划，开展统一协调的、面向目标消费者的整体宣传活动。

VMD 的作用

品牌成功的 VMD 战略会向大众展示一种文化、一种风格、一种个性，让消费者感觉到商店不是一个堆砌商品的仓库，而是更像一座博物馆、展览馆，服装也因此而蕴含了更深的文化与寓意。随着生活水平的提高，人们的购物需求不再只是简单的物质满足，更多的是精神层面的满足。可以发现，消费者在一家统一和谐而又具有特色的商店中购物时，会感到轻松愉快、购买欲很强。

作为准确传达品牌商品企划相关信息的手段与途径，VMD 战略的实施无论对消费者、服装生产企业还是对零售企业来说都很重要。

1. 提高产品附加值

出色的卖场陈列设计能吸引消费者的眼球。在现如今的市场中，谁俘获了"眼球"，谁就能赢得竞争的优势。卖场上的陈列对产品的诠释和演绎发挥着重要的作用，无形中提高了产品的附加值。

2. 缔造良好终端形象

终端门店的形象从侧面代表着整个企业的形象，会在消费者心中留下印象，好的终端形象自然会在被消费者记住，从而为企业永续发展打好基础。

3. 树立品牌形象

随着品牌意识的增强，卖场仅靠产品却没有独特的卖场形象，恐怕很难在众多的店铺中留住消费者。良好的视觉促销通过与良好的布局、道具、灯光及产品的结合，能更好地诠释品牌理念、缔造品牌形象。

4. 方便挑选、美化购物环境

视觉促销在商品展示时从人体工程学、美学等多角度进行陈列，方便了消费者的挑选和购买，同时也美化了企业门店的环境，营造了良好的购物氛围，为消费者提供了享受购物、享受消费的营业场所，拉近了企业与消费者的距离，为提供企业竞争力增添新的柔性元素。

VMD 的实施

VMD 以品牌理念设定和商品构成为基础，选定各子季节促销活动的主题进行展示规划。一般情况下，VMD 的实施主要包括计划预案和方案实施两个部分。

1. 计划预案

预案是在进行有关分析、研究的基础上，为设计提供一个初步的计划。为了保证计划的切实可行，使之具有明确的目的和针对性，需要先进行商品分析、营销计划分析、卖场分析、竞争对手分析，再在完成基本分析的基础上制定出设计的预案。

(1) 目标的设定。

(2) 季节理念、季节主题的确立。在季节理念的基础上，按季节或子季节来确定视觉促销企划的主题，考虑的因素有：节假日，以国内较为重视的节日为主，包括对目标消费者有影响的其他国家的节日；摄取导致目标消费者着装方面变化的新生活方式变化，并将这种新变化通过一定的艺术手段反映在零售店卖场中；利用本零售店所在大型商场举办活动的时期，如周年庆等，推出促销活动；利用本零售店所在楼面举办活动的时期，如全场打折，推出促销活动；零售店独自实施的活动。设定场景时，结合促销主题决定视觉展示的具体主题和场景，营造出目标消费者憧憬的氛围。

(3) 商品理念与推出的商品。按上述步骤确定了每个季节的理念后，应将每个月的企划具体化。从促销主题、风格主题、展示品类、视觉展示要点、饰件、发型和化妆、导购要点等方面着手，根据这些项目汇总制订计划，包括表现方法与所用道具等，并确定所需的展示陈列器具。

2. 方案实施

一般情况下，设计方案应包括五个主要部分，即设计效果图、实施规划、展示道具的选择、展示构成的平衡和视觉展示的检查。

(1) 设计效果图。设计效果图是展示、陈列设计构思的具体反映和整体设计效果的直观表现，是把握和评价设计的最终效果的依据，也是今后的具体实施的参照标准。因此，设计效果图的设计与绘制是整个设计工作的关键。效果图的设计通常包括三个程序：根据计划完成设计草图；评价设计方案，进行调整、修改；完成效果图。

(2) 实施规划。在实施规划中，要对实际操作所涉及的各项内容制定出具体的规定，以此作为以后实施时的指导。应该明确规定的基本内容包括：规划场地；制定灯光设置方案，确定电源；确定展示工具、道具和装饰用品的制作和购买计划；落实施工所需要的材料；确定实施方案的总体时间安排和进度表；评估所需的费用。

(3) 展示道具的选择。展示道具是指展示中使用的全部陈列、展示用具，包括为改善形象而选用的小道具等。其中最具代表性的有：半身人台、模特。在设计师品牌商店或一些特色商店中，卖场展示所用到的器具可以专门设计，目的是与品牌形象相协调并且避免与其他品牌雷同。

(4) 展示构成的平衡。确定了展示道具后，应具体考虑如何使展示构成平衡、协调。其中经常运用的三角形构成方式，具有安全、稳定、立体感，最能造成均衡、平稳、协调的感觉。商品群的展示构成具有平衡感，可以使多款服装同时凸显出来，提高表现力，引起顾客的注意。

(5) 视觉展示的检查。包括商品检查、展示空间检查、展示道具检查三个部分。商品检查的要点是商品是否按计划要求得到充分表现、商品是否与卖场的状况协调、商品是否有破损和脏污等；展示空间检查的内容是卖场是否清洁、构成是否平衡、道具是否与商品吻合等；展示道具检查除了检查基本的道具是否破坏、规格尺寸是否合适外，也要检查道具是否与背景、品牌呼应。

卖场设计

卖场作为"无声的营业员"，它的好坏对消费者的注意力和购买意愿有着很大的影响，它是吸引消费者的关键，也是决定销售额的要素。随着零售行业的发展，企业开始越来越重视卖场的装潢设计，通过把商品与店铺形象融合，更好地明确品牌的经营定位、传达品牌文化，使卖场的设计更富有感性、感染力和平衡感，充分发挥卖场吸引顾客进店的作用。卖场设计涉及多种要素，如卖场的风格、形象、布局、展示等。

卖场空间基本构成

卖场的构成在保证其功能性的同时，要体现出品牌风格与文化。卖场的构成需要经过科学的分析，达到较为理想、合理的状态，一般包括四个主要区域：导入空间、商品展示区、服务区、辅助空间。如图5-12所示。

图5-12
卖场空间基本构成

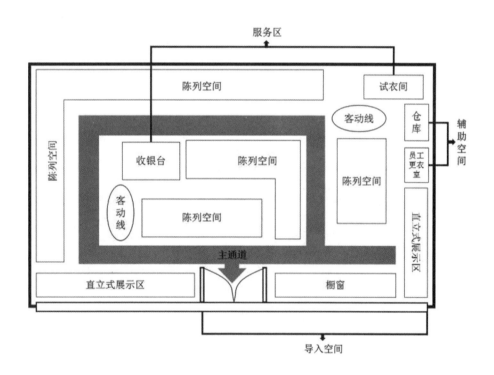

1. 导入空间

一般位于卖场的最前端，是顾客走进卖场最先触及到的区域。导入部分一般包括店头、宣传海报、主推促销区、POP看板、出入口等元素，如图5-13所示。它的主要功能是告知顾客商品的品牌特色，透露该店的销售信息等，它是销售的引导阶段。

顾客在逛街的时候，不断地在众多的店面中寻求自己需要的、喜欢的产品。其心中一般会考虑三个方面的因素：符合自己风格的服装、符合自己消费价格的产品、舒适的销售气氛。当符合以上三个要素的店面映入眼帘的时候，顾客便很容易进入卖场，从而增加商品成交的可能性。

图 5-13
卖场导入空
间元素

2. 商品展示区

商品展示区是卖场中商品陈列和展示的空间场所，是店铺的核心，是直接进行商品销售活动的区域。在保证便于客流的分散流动、有效进行产品展示的前提下，要努力做到两点：一是形成自己产品陈列的特点；二是通过货架的摆放、产品的突出展示等手段吸引顾客的眼球，延长顾客在店内的停留时间，增加顾客对商品的了解，提高商品成交的可能性。

商品展示区一般需要使用大量陈列道具，包括高架（柜）、低架（柜）、边架（柜）、中岛架（柜）、橱窗和人台模特等陈列道具来展示服装商品。常用服装陈列道具如图5-14 所示。

图 5-14
常用服装陈
列道具

3. 服务区

服务区是为了更好地辅助卖场的销售活动，使顾客体验品牌服务，充分享受品牌价值而布置的。在市场竞争激烈的服装市场，建立完善、良好的终端服务已经成为众多企业的共识。服务区主要分为几个部分：试衣间、收银台、等候区等。

(1) 试衣间。通常放置在卖场的深处，既可以充分利用卖场空间，也不会造成卖场通道堵塞，同时可以保证货品安全。此外，还可以引导顾客穿过整个卖场，使得其在试衣间的过程中不断地浏览商品，增加二次购买的机会。试衣间的数量要适宜，应根据卖场的规模和品牌的定位而定。试衣间的空间应该满足一个人充分伸展，由于其空间相对较小，需要保证空气的清新以及环境的卫生。在试衣间的周围可以多设置几面镜子，以方便顾客试衣。在试衣间里，试衣镜是比较重要的配套物，应该给予足够的重视。镜子的大小要合适，要放置在适当的位置，高度要有所控制，灯光要足够明亮。同时，卖场中另外设置适量的开放型的试衣镜也是十分必要的。

(2) 收银台。通常设立在卖场的后部，主要是考虑顾客的购物路线、货款安全、空间的合理利用以及便于对整个卖场的销售服务进行调度和控制。卖场收银台的设置要满足顾客在购物高峰时能够迅速付款结算。根据不同的品牌定位，收银台前还要留有充足的空间，以满足节假日顾客多的情况。一些中低档的服装品牌，还要考虑顾客在收银时候的等待状态。同时为了提高销售额，收银台中或附近可放置一些小型的服饰品，以增加连带消费。

(3) 等候区。也称为休息区，一般与试衣间保持道路顺畅，方便顾客找陪行亲友的沟通，通常设置沙发、茶几，并提供杂志与茶水，可以让顾客安心等待。

4. 辅助空间

为了保证店铺展示的美感，售卖商品不会全都陈列在展架上。在店内设置库房，提供销售货品的补充是非常必要的。店铺内辅助空间主要包括商品库房和销售人员更衣室等相对隐蔽的场所。

卖场的动线、陈列设计

卖场的动线和陈列设计会影响消费者在店铺的视觉体验，设计时要考虑其是否便于顾客进入店铺和选购商品，同时要有效地展示商品、推销商品。

1. 卖场的动线设计

动线是指物体的动态移动轨迹线。顾客在商店中来回移动的动线称为客动线，客动线越长，顾客在商店中移动路程越长，看到商品的机会越多；营业员移动的动线称为营业员动线；商品或营销器具搬出与搬入时的移动线称为管理动线。营业员动线、管理动线越短，效率就越高。

设计卖场的客动线时，主要的客动线应该较为宽阔，次要的客动线可以稍微狭窄、富有变化；客动线、营业员动线和管理动线尽可能不要交叉。

一般成年人的肩宽在40~55cm之间，因此店铺空间的客动线宽度应该在85~120cm之间较为适宜，以确保两位顾客能同时通过。

2. 卖场的陈列设计

陈列设计要充分考虑人体工程学，让消费者更容易看见商品、更方便地触摸和体验商品。人体自然站立时，最便于观察的视线高度等于眼睛的高度，它与观测者的身高直接相关。国内男性的最佳视线高度是地面向上160cm左右，女性是150cm左右；女性最佳的双手接触的自然高度从地面向上70~135cm。如图5–15所示。

图 5-15
陈列道具最
佳高度

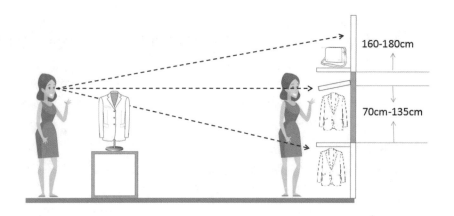

卖场导入空间的设计

卖场的导入空间即卖场的室外部分，室外设计主要包括了外观设计、招牌设计、出入口设计、橱窗设计、外部照明设计等。

1. 外观设计

外观是店铺给人的整体感觉，是给路过的消费者的第一印象，体现店铺的档次和个性。

从整体风格来看，店铺外观可分为现代风格和传统风格。现代风格的外观给人以新鲜的时代气息、现代化的心理感受，也体现了服装的潮流性。传统风格的店铺外观给人以古朴殷实、传统丰厚的心理感受。许多百年老店已成为影响中外的传统字号，其形象已在消费者心中树立起来，用其传统的外观风格更能吸引顾客。如果服装店经营的是有民族特色的服装或仿古的服装，如旗袍、汉服等服装，则可采用传统风格的外观。

2. 招牌设计

招牌的图形标志和字体的大小、形状、色彩应突出，并与周边的环境协调，做到新颖、醒目、独特、简明，既美观大方，又能迅速抓住人们的视线，使顾客或过往行人从较远处或多个角度都能较清晰地看见。

招牌的形式、规格与安装方式，既要做到与众不同，又要与店面设计融为一体，给人以完美的外观形象。招牌以直接嵌在装饰外墙上，临街的店铺要注意招牌的照明和防水性。招牌的安装可以是直立式、壁式的，也可以是悬吊式的。

在招牌的制作与使用上，可直接反映商店的经营内容，制作与经营内容相一致的形象或图形，能增强招牌的直接感召力。根据服装店的经营范围，可以选择不同类型的招牌。例如，女装店可选择时尚感强的招牌，且招牌的颜色要醒目；西装店需要沉稳、大气而简约的招牌；童装店的招牌则要活泼、有趣，能吸引小朋友；运动装店的招牌要有活力和朝气。

3. 出入口设计

在设计店铺出入口时，必须考虑店铺营业面积、客流量、地理位置、商品特点及安全管理等因素。不合理的设计会造成人流拥挤，或顾客还没有看完商品便走到了出口，影响商品的展示和销售。好的出入口设计要可进入性强，并能合理地引导消费者进出，有序地浏览全场。如果店面是规则店面，出入口一般在同侧为好，以防店面太宽使顾客不能浏览所有商品。不规则的店面则要考虑到内部的许多条件，设计难度相对较大。

4. 橱窗设计

橱窗的设计既要突出店铺所经营服装的特色，又要能使橱窗布置和服装展示符合消费者的心理行为，即让消费者看后有美感、舒适感、对商品有向往之情。好的橱窗布置既可起到展示商品、引导消费、促进销售的作用，又可成为商店门前吸引过往行人的艺术佳作。

橱窗应该在靠近门前或人流主道的位置，而且前面没有遮挡物，主推商品的摆放与消费者视线成 300 度。橱窗中可以运用震动旋转的道具或垂吊物，以增强橱窗的动感或空间感。

5. 外部照明设计

外部照明主要指人工光源的使用与色彩的搭配。它不仅可以照亮店门和店前环境，而且能渲染商店气氛，烘托环境，增加店铺门面的形式美。如图 5-16 所示。

图 5-16
外部招牌、
橱窗、装饰
灯光

(1) 招牌照明。一般通过霓虹灯的装饰使招牌显得明亮醒目，以增加店铺在夜间的可见度，制造热闹和欢快的气氛。霓虹灯的装饰一定要新颖、别具一格，可设计成各种形状，采用多种颜色。为了使招牌醒目，灯光颜色一般以单色的红、绿、白等为主，突出简洁、明快、醒目的要求。

灯光的巧妙变化和闪烁或是辅以动态结构的字体，能产生动态的感觉，这种照明方式能活跃气氛，更富有吸引力，可收到较好的心理效果。假如服装店正面视觉效果较弱，可以在不破坏店面整体风格的前提下，在侧面树立灯箱，以弥补视觉不足。

(2) 橱窗照明。光和色是密不可分的，按舞台灯光的设计方法，为橱窗配上适当的顶灯和角灯，不但能起到一定的照明效果，而且还能使橱窗原有的色彩产生戏剧性的变化，给人以新鲜感。橱窗照明不仅要美，同时也须满足商品的视觉诉求。橱窗内的亮度必须比卖场的高出 2~4 倍，但不应使用太强的光，灯色间的对比度也不宜过大，光线的运动、交换、闪烁不能过快或过于激烈，否则会让消费者眼花缭乱，造成强刺激的不舒适感觉。灯光要求色彩柔和、富有情调。采用下照灯、吊灯等装饰性照明，可以强调商品的特色，给人以良好的心理印象。

(3) 外部装饰灯。一般装饰在店门前的街道上或店门周围的墙壁上，主要起渲染、烘托气氛的作用。如许多店门拉起的灯网，有些甚至用多色灯网把店前的树装饰起来，再如用制成各种反映本店经营内容的多色造型灯装饰在店前的墙壁或招牌周围,以形成的购物气氛。

卖场展示的设计

展示构成要从美学、管理和销售等诸多因素进行考虑。为了有效地进行陈列演示,应充分利用各种陈列小道具,通过货架的组合、货品的组合、道具与货品的组合等多种方式进行卖场展示。

1. 展示方式

卖场中常用的陈列组合方式有对称展示、均衡展示、重复展示、场景展示、连带式展示等,依次如图 5-17 所示。

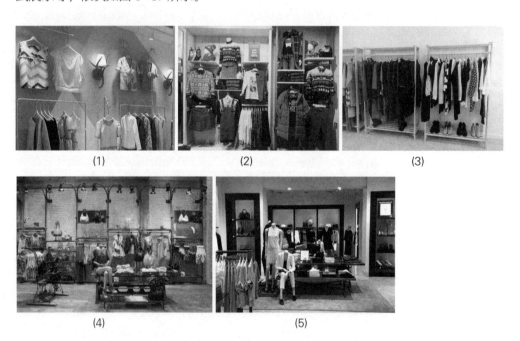

图 5-17
卖场展示方式

(1) 对称展示。这种陈列形式具有很强的稳定性,给人一种规律、秩序、和谐的美感,但如果过多地采用则会使得卖场看起来过于规整而没有生机,因此一般多采用对称法与其他陈列形式相结合。

(2) 均衡展示。打破对称的格局,通过精心设计货品的陈列方式和摆放位置,获得一种新的平衡,既避免了对称法过于平和、呆板的感觉,同时也在秩序中营造出动感。

(3) 重复展示。将两种或以上的不同形式的货品进行交替循环陈列,产生和谐的节奏感和韵律感。其通过反复强调的手段,使消费者在感觉和印象上得到多次强化,因此留下深刻印象。

(4) 场景展示。利用服装、模特、道具、背景和灯光等营造出不同季节、不同生活空间、不同自然环境或不同艺术情调的场景,其注重现实感的体现、气氛的营造,让消费者犹如身临其境,从而得到启发和美的享受。

(5) 连带式展示。将相关的服饰产品放在一起展示,例如将连衣裙与帽子、丝巾、高跟鞋等相关饰品搭配展示,既能有效地对产品进行对比、选择,同时也能给消费者的穿搭提供指导。

2. 店铺展示原则

(1) 款式的多样。为满足消费者的购物满足感，应尽可能地将不同规格、颜色、款式的商品齐全地展示出来，让消费者有更多的选择。

(2) 色彩的协调性。色彩是店铺陈列考虑的首要因素，通过将千姿百态的色彩根据色彩的规律进行规整和统一，使之变得有序列化，使卖场主次分明、美观有序。

(3) 拿取的方便性。产品的摆放和悬挂要考虑到顾客拿取时是否方便，应尽量从人体工程学的角度进行陈列，同时促销商品和畅销产品应在高效率位置进行展示，以提高销售的几率。

(4) 款式的搭配性。通过不同的搭配组合方式，既可以提高卖场的展示的丰富性，同时也能给消费者的穿搭提供有效的建议，引导消费者成套购买。

(5) 整体的美观性。卖场里的陈列形式在充分考虑功能性和基本组合的基础上，也要考虑陈列的整体形式美。卖场的整体美观会影响顾客的进店、停留和购买的决定。

3. 卖场展示的道具

展示道具作为服饰展示的载体，对服饰的烘托和气氛的渲染起着重要的作用。常用的展示道具包括货架、衣架、模特、配饰、灯饰和照明等。

(1) 货架

货架是店铺产品展示必不可少的道具，随着审美意识的提高，商家越来越重视货架的造型、材质和色彩等元素与品牌定位和门店整体装修的协调。

①中岛货架。处于门店的中心位置，是消费者进入门店后最先映入眼帘的展示区域，因此要经常调整其陈列品种和造型，以不断地提升店堂陈列空间与陈列效果，让顾客常感新意。

②整体货架。整体货架一般都紧靠墙壁，既是陈列空间，又是储货空间。整体货架所占空间比较大，便于各种服装的挂装和叠装的陈列。整体货架的大小与造型也是形态各异的，需要根据实际情况进行设计与制作，以符合店堂的陈列要求，通常既有挂装空间，又有叠装和展示道具的空间。

③辅助货架。除整体货架外，为了有效地利用店堂的空间，还可以用一些辅助货架，在这些货架上陈列的服饰虽然比较少，但是陈列效果很经典。如边岛空间陈列货架，放在店堂的拐角进行服饰陈列，可以创造出异样的空间，烘托出不同的气氛，引人走入店铺的深处。

(2) 衣架

衣架是店堂陈列中最为常用的一种陈列道具，用于商品的吊挂展示。衣架的功能就是表现每一款服饰的平面效果，规范服饰陈列的次序，陈列时要注意衣钩的方向一致。

(3) 模特

模特道具从形体上可以分为全身模特、半身模特、裤模（图5-18）以及用于展示帽子、手套、袜子等配饰的头、手、腿等局部人模。根据造型和材质的不同，全身模特可以分为艺术模特和仿真人模特。艺术模特在店堂陈列中较为常见，其在造型上和材质上比较特殊，它的主要作用是传达店堂与品牌所要表达的行为语言，陈列效果比较随意；仿真人模特广泛运用于高级女装与男装品牌的陈列，它可以很好地体现服饰的穿着效果，给人更直观的感受。

模特被应用在卖场和橱窗展示中，利用模特展示时，要考虑所选择的服装具有代表性、艺术性、搭配性等特征，可以展示服装的整体搭配组合，反映当季的流行时尚或品牌最新的产品信息。

图 5-18
全身人模、
半身人模、
裤模

(4) 配饰

配饰包括服装饰品和环境装饰道具。

① 服装饰品。服装配饰使服装的穿着效果更加完整，为服装搭配起到画龙点睛的作用，提升服装的品位和情调，同时也为消费者的服饰搭配提供参考。使用配饰品时要注意，配饰主要起陪衬、点缀的作用，不能喧宾夺主。服装与配饰的搭配，对于消费者来讲就是一种着装示范，告诉人们如何穿着和搭配更能体现服装的品位和个性；对经营者来说，则是服装品牌形象的展示，也是促进消费的好方式。

② 环境装饰。具有装饰性的所有物品、材料都可以成为店铺的装饰要素，常用的有绿色植物、艺术插花、工艺品、绘画、器皿、家具、装饰墙面等。运用装饰道具的关键之处是掌握有关物品的装饰特点、艺术性、材质、大小、色彩等，结合服装主题和品牌文化进行布置。

(5) 灯饰和照明

灯光的效果会影响消费者所看到的商品的印象，从而影响其购买行为。灯光可以分为以下三类：

① 一般照明。一般照明要求布光均匀，尽量使卖场明亮起来，并避免出现黑暗的阴影，主要为店内顾客行走提供安全照明的需要。一般照明要求使用格片或暗藏式灯具将光源遮挡起来，以避免出现眩光现象。

② 重点照明。重点照明的作用是创造视觉的重点，构成展示的"亮点"。重点照明适合突出展示商品和强调装饰效果之用，照度是一般照明的3~5倍，高亮度表现光泽，强烈的定向光突出商品的立体感和质感。由于重点照明要求光源很明亮，所以要对光源进行遮挡，可以将光源设置在柜内，也可以将光源设置在观看者一方，并通过灯具对光源进行保护。设计重点照明时要考虑是重点突出的要素是什么，目的要明确。

③装饰照明。装饰照明是营造销售氛围和照顾顾客心情的照明，要注意使其与内部装修协调。如天花板上S形分布的射灯强调了人群走动路线和空间造型，垂到地面的组合吊灯造型独特，强调了空间的艺术效果。

卖场布置的工作流程

1. 确认服装产品

门店要提前两个月确认能够到店的服装产品，了解服装当季主题，拍摄产品图片并对应标明产品货号。

2. 分波段设计陈列方案

根据产品开发主题，进行橱窗和店堂陈列设计。效果图一般有手绘和计算机设计两种形式，陈列方案通常采用效果图与模拟陈列穿插的手法来表现设计效果。

3. 图纸评审及确认

陈列方案交由相关负责人审批直至最终稿的确认。

4. 道具的制作

道具需要提前一个月进行设计和安排制作。道具的制作流程一般包括设计、采用、寻找生产厂家、报价、预算、打样、下单、跟单、进仓、发货。

5. 陈列手册的制作

陈列手册是指根据店铺形象而设计的卖场终端陈列指导手册。

6. 陈列培训

陈列负责人结合陈列手册、陈列主题和陈列方案对卖场的陈列人员进行培训。

7. 布置效果的反馈

布置人员将卖场布置好后，需要向上级或陈列负责人反馈卖场布置照片，并进行修正，完善形象。

商品企划与导购规范·····························

扫码看英文资料

商品企划与导购

商品企划不单单局限于从商品设计、生产到上柜这几个阶段，在目前高感度的商品企划时代，如何在卖场中将商品作为整体的一个部分展示出来从而引起消费者的兴趣并导向购买，也是一个相当重要的环节。

作为商品流通的一个环节，导购人员在卖场的导购待客行为发挥着促使消费者购买的重要作用。传统意义上营业员的日常工作主要包括导购、产品说明、准确结款、卖场维护等，而如今的企业更加重视营业员传递品牌文化、理念和销售指导的能力。

为表达服装的设计理念，通常需要适当的发型、化妆、饰品与之搭配组合，为目标顾客塑造整体风格。这种整体形象设计包括四个要素，如图5-19所示。

图 5-19
整体形象设
计四要素

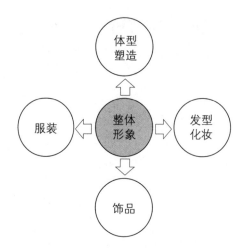

(1) 体型塑造。通常采用各种束身内衣、紧身连裤袜等有助于改善体型的内衣。

(2) 发型、化妆。为时尚推波助澜的发型师、形象设计师等对品牌风格的形成发挥了重要作用。

(3) 服装。即大衣、外套、裙装等各种服装。消费者可将不同品类的服装组合搭配，塑造出不同的形象，适应更多的场合。

(4) 饰品。饰品搭配可以为服装的整体效果起到画龙点睛的作用，同时也可以带动连带消费，提高营业额。

导购规范的内容

为了塑造美丽的个人形象，需要将以上四个要素进行设计搭配，营业员需要具有结合这四个要素对消费者进行形象策划的能力。

1. 风格指南

针对高感度服装品牌的零售，为了将商品设计的理念与风格传递给消费者，需要制作一些配有文字说明的画册，这种画册可称为风格指南。风格指南是营业员导购待客服务的基础。

通过其中的图片形象地展现服装及可以采用的搭配，包括其他品类的服装、鞋、包、发型、化妆、小饰件等。利用文字部分说明服装的设计重点和理念、选用的面料等。通过小画册的介绍与推荐，消费者能更加直观地了解品牌风格，并知道该品牌是否适合自己，以便更好地选购服装。

2. 导购待客服务

营业员对顾客的服务就是确认顾客所需要的商品并满足顾客要求和愿望的一种沟通和帮助过程。为了与顾客之间的沟通过程顺利，营业员一方面要掌握商品知识及当前的流行特征；另一方面要仔细研究顾客的购买心理。

营业员导购待客服务的过程可分为四个阶段，如图 5-20 所示：

(1) 接近顾客。营业员在这一阶段要为顾客营造出一种心情愉快、轻松、随意挑选的氛围；同时察言观色，发现顾客意欲购买的商品。

(2) 展示服装。这是对服装进行具体说明的展示阶段，也是顾客购物前一个最重要的心理预备阶段。应将顾客对商品的"兴趣"导向对商品的"欲求"；将商品的卖点（特色），包括设计、颜色、材料等，全面准确地传达给顾客。需要针对不同顾客，从不同角度介绍商品的卖点，使顾客产生认同感。

(3) 试穿服装。这一阶段是指从试衣开始到决定购买的过程。营业员针对顾客对商品的疑惑以及穿着搭配中的一些问题进行分析、解决。可以向顾客提议一些基本的形象设计，结合包、鞋等服饰配件来充分展现商品的服用功能。可以从三个方面向顾客强调服装商品的特性：顾客的穿着场合、穿着搭配的多样性以及顾客本身的形象与商品之间的和谐性。通过不同的组合或穿着方式，塑造出多种形象的服装，顾客会认为其附加价值较高，从而对其销售价格产生认同感。

(4) 完成购买。作为确认顾客购买决定的阶段，收尾工作的速度要适宜。顾客要求试穿，意味着其有较高的购买欲望。顾客试穿后通常会提出一些问题，或对两三款商品进行比较，并会对该款服装有否污损点、做工如何等开始检查，然后重点关注某一件服装，最后会对价格及一些售后服务方面的问题进行咨询。此时，营业员就应将销售行为导入第四阶段——完成购买。

图 5-20
导购待客服务的四个阶段

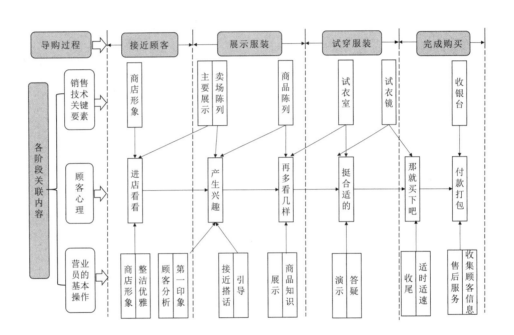

本章提问与思考·····························

1. 不同类型零售企业的促销战略各有何特点？

2. 视觉营销对消费者、零售企业分别有哪些影响？

3. 不同的促销方式如何影响消费者的购买行为？

4. 选择两个不同风格的服装品牌，对其代表性的橱窗设计进行分析。

5. 从美学、人体工程学等多角度就某一服装品牌门店的空间设计进行分析。

参考文献

1. 李俊，王云仪 . 服装商品企划学 [M]. 北京：中国纺织出版社，2010.
2. 赵洪珊 . 服装商品企划教程 [M]. 上海：东华大学出版社，2013.
3. 唐虹 . 服装商品企划 [M]. 北京：化学工业出版社，2014.
4. 罗戎蕾，刘丽娴 . 数字时尚新思潮 [M]. 北京：中国水利水电出版社，2021.
5. 马大力 . 服装商品企业实务 [M]. 北京：中国纺织出版社，2018.
6. 刘丽娴，季晓芬，罗戎蕾 . 服装流行与品牌视觉 [M]. 杭州：浙江大学出版社，2018.
7. 沈雷 . 服装流行预测教程 [M]. 上海：东华大学出版社，2013.
8. 程宇宁 . 品牌策划与管理 [M]. 北京：中国人民大学出版社，2014.
9. 刘世忠 . 品牌策划实务 [M]. 上海：复旦大学出版社，2012.
10. 艾 · 里斯，杰克 · 特劳特 . 定位：有史以来对美国营销影响最大的观念 [M]. 北京：机械工业出版社，2013.
11. 莎伦·李·塔特 . 服装·产业·设计师 [M]. 北京：中国纺织出版社，2008.
12. 张照雨，都蕊 . CI 与品牌形象策划 [M]. 北京：化学工业出版社，2011.
13. 戴宏钦 . 服装电子商务 [M]. 北京：化学工业出版社，2014.
14. 符国群 . 消费者行为学 [M]. 北京：高等教育出版社，2015.
15. 陆高立 . 私域电商——私域流量下的新社交电商运营 [M]. 北京：清华大学出版社，2020.
16. 刘健，欧阳日辉，文丹枫 . 社交电商全运营手册 [M]. 北京：人民邮电出版社，2017.
17. Melissa G. Carr, Lisa Hopkins Newell. Guide to Fashion Entrepreneurship: the Plan, the Product, the Process[M]. New York: Fairchild Books, 2014.
18. Chelsea Rousso, Fashion Forward[M]. New York: Fairchild Books, 2012.